마틴 루터의 기도

마틴 루터의 기도

저자 마틴 루터
역자 유재덕

초판 1쇄 발행 2008. 10. 16.
개정증보판 1쇄 발행 2016. 12. 6.
개정증보2판 1쇄 발행 2022. 8. 2.
개정증보2판 5쇄 발행 2024. 10. 15.

발행처 도서출판 브니엘
발행인 권혁선

책임교정 조은경
책임영업 기태훈
책임편집 브니엘 디자인실

등록번호 서울 제2006-50호
등록일자 2006. 9. 11.

서울특별시 송파구 백제고분로28길 25 B101호 (05590)
마케팅부 02)421-3436
편 집 부 02)421-3487
팩시밀리 02)421-3438

ISBN 979-11-90308-79-3 03230

독자의견 02)421-3487
이메일 editorkhs@empal.com

북카페 주소 cafe.naver.com/penielpub.cafe
인스타그램 @peniel_books

도서출판 브니엘은 독자들의 원고를 설레는 마음으로 기다리고 있습니다.
위의 이메일로 간단한 기획 내용 및 원고, 연락처 등을 보내주십시오.

도서출판 브니엘은 갓구운 빵처럼 항상 신선한 책만을 고집합니다.

마틴 루터의 기도

A Simple Way to Pray, for a Good Friend
by Martin Luther with Raymond Brown

마틴 루터 지음 | 유재덕 옮김

브니엘

언젠가 루터는 기도와 묵상과 고난이 우리 모두를 그리스도의 좋은 일꾼으로 만든다고 말했다. 사실 이 세 가지는 루터의 삶을 요약하는 핵심적인 단어다. 루터는 기도의 사람이었다. 그는 시간을 내기가 어려울 정도로 분주했지만 바쁘기 때문에 더욱 기도한다고 즐겨 말했다. 기록에 따르면 루터는 하루도 거르지 않고 네 시간씩 기도했다. 기도하지 않고서는 종교개혁이라는 엄청난 일을 감당할 수 없음을 잘 알고 있었기 때문이다. 루터는 주변 사람들에게 기도하지 않고 일에 힘쓰는 것은 뿌리를 내리지 않은 채 위로만 치솟으려고 하는 것과 별반 다르지 않다고 입버릇처럼 말했다.

능력 있는 그의 기도는 죽어가는 사람까지 살려낼 정도였다. 1540년 그의 친구이자 동료였던 미코니우스가 병에 걸려서 죽음이 머지않았음을 직감하고 작별의 편지를 보내왔다. 루터는 그에게 다음과 같이 회신했고, 미코니우스는 자리에서 곧장 일어났다.

"하나님의 이름으로 명하노니 자네는 죽지 말고 살아야 하네. 교회의 개혁을 위해서 내게는 아직도 자네의 힘이 절실히 필요하기 때문이야. 주님은 결코 자네가 죽었다고 내게 말씀하지 않으실 테고, 나보다 자네를 더 오래 살게 하실 것이라네. 나는 이를 위해서 기도한다네. 이것이 내 뜻이며, 이러한 내 뜻은 이루어질 것이라고 확신하네. 나는 오직 하나님의 이름을 영화롭게 하기를 소원하고 있기 때문이지."

루터는 말씀에 사로잡힌 사람이었다. 그가 종교개혁이라는 대단한 사역을 성공적으로 감당해낸 능력은 하나님의 말씀에서 비롯되었다. 죄와 은총의 문제를 제대로 해결하지 못하던 루터에게 있어서 성경은 어두운 시기를 벗어나게 해준 한 줄기 빛이었다. 루터는 영원히 해결될 것 같지 않은 죄의 문제와 씨름을 벌이다가 힘겨운 영적 싸움을 마무리할 수 있는 열쇠를 로마서를 통해 발견했고, 그 후로 그는 말씀의 사람이 되었다. 루터는 교황과 로마 교회의 권위가 아니라 하나님 말씀을 자신의 삶과 신앙을 판단하는 기준으로 삼았다. 그는 그리스도인들에게 이렇게 조언했다.

"그리스도인은 신앙과 성경에 따라서 신실하게 살아가야 한다. 그리스도인의 믿음과 삶은 견디기 힘든 교화의 법 없이도 얼마든지 존재할 수 있다. 그런 로마의 법은 과감하게 축소하거나 폐지해야 한다. 그렇게 하지 않으면 진정한 신앙은 존립하기 어렵다."

그리고 루터는 고난의 사람이었다. 우연한 기회에 로마 교황의 잘못을 지적하고 토론을 기대하면서 시작된 1517년 10월의 마지막 날에 일어난 사건은 그의 삶을 고난으로 이끈 결정적인 계기가 되었다. 루터는 비텐베르크교회(슐로스 키르케)의 대문에 그 유명한 95개 조의 조항을 붙였다. 덕분에 그는 1520년에 로마 교회와 최종적으로 결별했다. 교황은 1520년 6월에 루터의 모든 저작을 이단으로 판정하고 모두 파괴하도록 지시를 내렸다. 1521년 1월 3일에 파문된 루터는 신변의 안전을 염려한 선제후 프리드리히 때문에 바르트부르크성에서 1년간 은신해야 했다. 이후로도 그는 로마 교회와의 오랜 다툼의 과정에서 가까운 동료 여러 명을 잃은 것은 물론이고, 크고 작은 많은 어려움을 겪으면서 종교개혁을 변함없이 수행해야 했다.

루터는 다작하는 것으로 유명했다. 그가 남긴 저서는 모두 3천1백 권으로, 무려 6만 쪽을 넘겼다. 이런 다작은 교황의 대리자들까지 놀랄 정도였다. 루터가 보름스 제국회의에 소환되었을 때 그 자리에 모인 사람들은 한꺼번에 쌓아놓은 저서들을 보고 한 개인이 집필했다는 사실을 믿지 못했다. 그랬던 루터가 기도를 주제로 얼마 되지 않는 분량의 이 책을 집필하게 된 것은 아주 우연한 일 때문이었다.

하루는 루터의 이발을 도맡아 해주던 페터 베스켄도르프가 기도를 잘할 수 있는 방법이 무엇인지 물었다. 루터는 누구보다 분주한 삶을 살면서도 자신을 위해서 봉사하는 이발사의 요청을 외면하지 않고 원고를 집필하기 시작했다. 그렇게 해서 완성된 원고가 1535년 봄에 「단순한 기도의 방법, 귀한 벗을 위해서」라는 제목으로 출판되었고, 현재까지 경건 서적들 가운데 대표적인 고전으로 인정받고 있다.

우리는 이 책을 통해 기도의 진수를 접할 수 있을 것이다. 영적 거장이 자신의 평소 기도생활을 통해 깨달은 기도의 노하우를 진솔하고 단순하게 소개하고 있기 때문이다. 그리고 이발사에 대한 루터의 신뢰와 애정이 어느 정도였는지 덤으로 확인하는 즐거움도 함께 누릴 수 있다.

이 책의 2부에는 런던에 있는 스펄전 칼리지의 학장을 지낸 레이먼드 브라운의 글을 덧붙였다. 레이먼드 브라운은 작가이자 주석학자답게 루터의 글에 담긴 의미와 역사적 배경을 요즘의 관점에서 재구성해서 새롭게 설명하고 있다. 계속해서 레이먼드의 설명을 읽어 내려가다 보면 잠언처럼 집필된 루터의 글을 이해하는 데 적잖은 도움을 받을 수 있으리라고 여겨진다. 모쪼록 이 책을 통해 진정한 기도의 즐거움을 고스란히 누릴 수 있기를 기대한다.

옮긴이 유재덕

특별수록.
프랑소아 페넬롱의 안식

친구여, 무엇보다 번잡한 일이나 생각 때문에
기도에 대한 열정이 식고 즐거움이 사라진 것 같을 때
(육신과 사탄이 늘 기도를 훼방하고 가로막아서),
나는 간단한 시편 모음집을 들고서 급히 내 방으로
들어가거나, 혹은 교회에 가서 시간이 허락하는 만큼
조용히 나 자신과 대화를 나눈다네.

PART · 1

단순한
기도의 방법

사랑하는 벗, 페터에게.

지난번 편지에서 자네가 내게 부탁한 것처럼 개인적으로 기도하는 방법에 관해 내가 아는, 그리고 현재 내가 하는 기도 방법에 관해 몇 가지 소개하고자 하네. 또한 사랑의 주님이 자네를 비롯한 누구든지 나보다 기도를 더 잘할 수 있도록 허락해 주시기를 기도한다네. 아멘.

친구여, 무엇보다 번잡한 일이나 생각 때문에 기도에 대한 열정이 식고 즐거움이 사라진 것 같을 때(육신과 사탄이 늘 기도를 훼방하고 가로막아서), 나는 간단한 시편 모음집을 들고서 급히 내 방으로 들어가거나, 혹은 교회에 가서 시간이 허락하는 만큼 조용히 나 자신과 대화를 나눈다네. 그렇지 않으면 주기도문이나 십계명, 사도신경, 그리고 시간적으로 여유가 있으면 예수님의 말씀이나 바울 서신, 그리고 시편 가운데 일부를 어린아이처럼 한마디 한마디 읽어 내려가기도 한다네.

친구여, 기도로 아침을 시작하고 기도로 하루를 끝마치는 것은 좋은 일이라네. 하지만 그릇된 생각에 현혹되지 않도록 조심해야 한다네. '잠시만 기다려라. 기도는 잠시 미루어두고 먼저 닥친 일부터 처리하고 보자.' 이런 식의 생각은 다른 일에 정신을 쏟게 해서 기도를 멀리하게 하고, 그날의 기도를 못 하게 만든다네. 기도만큼 중요하거나 그보다 더 훌륭한 일을 아주 급하게 처리해야 할 때도 있겠지만 우리는 항상 기도에 우선순위를 두어야 한다네.

자네 혹시 라틴어 성경인 불가타역을 번역한 제롬을 아는가? 그는 마태복음 25장을 주석하면서 "성도가 하는 것은 무엇이든 기도이다"라고 말했다네. 또한 격언 중에 "성실하게 일하는 사람은 두 번 기도하는 것이다"라는 말이 있다네. 이는 성도는 자기 일을 통해 하나님을 경외하고, 이웃에 대해 속이지 말고, 도둑질하지 말고, 죄를 범하지 말라는 계명을 기억하기 때문에 성도가 하는 일은 기도와 찬양의 제물로 확실하게 바뀐다는 뜻이지.

반면에 불신자가 하는 일은 저주와 다르지 않아서 믿음 없이 일하는 사람은 이중으로 저주를 받는다네. 그런 사람은 일하면서도 하나님을 무시하고, 이웃의 이익을 취하거나 훔치고 속이면서 하나님의 법을 어기는 데 골몰한다네. 그런 생각은 하나님과 사람을 존중하지 않기 때문에 일과 노력을 이중적인 저주로 만들어 자신을 저주하게 만든다네. 결국 그런 생각 때문에 죄를 범하게 되는 것이지.

우리 주 예수님이 누가복음 11장에서 "쉬지 말고 기도하라"(9-13절, 살전 5:17)고 말씀하신 것도 그런 의미라네. 죄를 범하지 않기 위해서는 부단히 기도하라는 뜻이지. 죄와 잘못은 줄곧 조심해야 하지만 하나님을 두려워하고 그분의 계명을 명심하지 않으면 불가능하다네. 그래서 시편 기자는 이렇게 노래했다네. "오직 여호와의 율법을 즐거워하여 그의 율법을 주야로 묵상하는도다"(시 1:2).

친구여, 여기서 우리가 조심해야 할 것이 있다네. 그것은 진정한 기도의 습관을 깨거나, 결국에 가서 무익한 것으로 밝혀지는 다른 일들을 꼭 해야 하는 것처럼 중요하게 여기는 것이라네. 그렇게 되면 생활이 문란해지거나 게을러져서 마침내 기도에 대한 관심이 사라지게 된다네. 친구여, 우리를 괴롭히는 사탄은 그렇게 게으르거나 부주의하지 않다는 사실을 꼭 명심해주면 좋겠네. 우리의 육신 또한 죄를 범할 준비가 되어 있을 뿐 아니라 그것을 갈망하고, 기도의 영을 내켜 하지 않는다는 사실 역시 깊이 주의해주기 바라네.

친구여, 주기도문이나 십계명, 예수님의 말씀을 읽거나 암송하다가 마음이 뜨거워지는 경험을 한 적이 있는가? 나는 그럴 때면 손을 모은 채 무릎을 꿇거나 서서 하늘을 바라보고, 가능하면 다음과 같이 간단히 기도드린다네.

"하늘에 계신 아버지, 사랑의 하나님이시여! 저는 보잘것없는 죄인입니다. 저는 하나님을 올려다보거나 손을 모을 수 있는 자격이 없습니다. 그런데도 하나님이 우리 모두에게 기도하라 말씀하시고, 귀를 기울이겠다 약속하시고, 사랑스러운 아들 예수 그리스도를 통해 어떻게 기도하고 무엇을 해야 할지 가르쳐 주셨으니, 하나님의 자비로우신 언약을 의지하고 하나님 말씀에 순종하며 나아갑니다. 저는 모든 성도와 더불어 나의 주 예수 그리스도의 이름으로 그분이 가르쳐주신 기도("하늘에 계신 우리 아버지여…")를 조금도 어긋남 없이 따라 합니다."

그런 다음, 주님이 가르쳐주신 기도(마 6:9-13)를 차근차근 생각하면서 다음과 같이 기도한다네.

첫 번째 간구. "이름이 거룩히 여김을 받으시오며."

"그렇습니다. 주 하나님, 사랑의 아버지시여! 아버지의 이름이 우리 안에서와 온 세상에서 거룩히 여김을 받으시옵소서. 증오, 우상 숭배, 이교도, 그리고 온갖 거짓 교사들, 하나님의 이름을 잘못 사용하여 망령되이 부르고 한껏 모욕하는 광신자들을 근절시켜 주소서. 그들은 고집스럽게 하나님 말씀을 가르치고 있다고 자랑합니다. '너는 네 하나님 여호와의 이름을 망령되게 부르지 말라. 여호와는 그의 이름을 망령되게 부르는 자를 죄 없다 하지 아니하리라'(출 20:7). 하지만 실제로는 가증스럽게 불쌍한 영혼들을 유혹하려고 사탄의 책략과 속임수를 활용합니다. 심지어 생명을 빼앗거나 무고한 피를 흘리게 하고 박해하면서도 하나님께 거룩한 예배를 드리고 있다고 생각합니다.
사랑의 주 하나님! 그들을 변화시키고 막아주소서. 변화되어야 할 사람을 변화시키셔서 그들과 우리가, 그리고 우리와 그들이 참되고 순수한 가르침과 선하고 거룩한 삶으로 하나님의 이름을 거룩하게 찬양하게 하소서. 하나님의 거룩한 이름을 그릇되게 사용하고 더럽히고 영광을 가리거나 불쌍한 이들을 잘못 인도하는 일을 그칠 수 있도록 그들을 막아주시고, 그들을 온전한 하나님의 사람으로 변화시켜 주시옵소서. 아멘.″

두 번째 간구. “나라가 임하시오며.”
계속해서 이렇게 기도한다네.

“사랑의 주님, 아버지 하나님이시여! 주님은 세상적으로 지혜롭고 이성적인 사람이 하나님의 이름을 어떻게 더럽히고 하나님께 바쳐야 할 영광을 거짓과 사탄에게 어떻게 돌리는지, 그리고 세상을 다스리고 하나님을 섬기도록 그들에게 허락하신 권세, 능력, 재물, 영광 등을 하나님 나라에 맞서겠다는 헛된 생각에 어떻게 이용하는지 아십니다. 그들은 많고 강력합니다. 그들은 약하고 멸시받는, 그리고 몇 안 되는 하나님 나라의 작은 무리를 괴롭히고 훼방합니다. 하나님께 속한 무리를 용납하지 못할뿐더러 그들을 괴롭히는 일을 대단히 거룩한 예배로 간주하기도 합니다.

사랑의 주님, 하나님 아버지시여! 그들을 변화시키고 막아주소서. 주님의 자녀와 하나님 나라에 속한 사람들을 변화시키셔서 그들과 우리가, 그리고 우리와 그들이 진정한 믿음과 거짓 없는 사랑으로 하나님을 섬기고, 이미 시작된 하나님 나라를 지나서 하나님의 영원한 나라에 들어갈 수 있게 하소서. 권세와 능력으로 하나님 나라를 해하려는 이들로부터 우리를 지켜주셔서 그들이 왕좌에서 쫓겨나 겸손해져서 잘못된 행동을 하지 않게 하소서. 아멘."

세 번째 간구. "뜻이 하늘에서 이루어진 것같이 땅에서도 이루어지이다."

그리고 이렇게 거듭 기도한다네.

"사랑의 주님, 아버지 하나님이시여! 주님은 세상이 하나님의 이름을 어찌하지 못하고, 하나님 나라를 파괴하지 못하면서도, 하나님의 이름과 말씀과 나라와 자녀를 해칠 속셈으로 악한 속임수와 계략, 이상한 음모와 술책을 구사하고 은밀히 모여서 일을 꾸미고, 그들끼리 격려하고 도와주며, 화를 내며 위협하고, 온갖 악한 일을 궁리하느라 하루가 짧다는 것을 아십니다.

그러므로 사랑의 주님, 아버지 하나님이시여! 그들을 변화시키시고 우리를 지켜주소서. 하나님의 선한 뜻을 인정하지 않는 이들을 변화시키셔서 그들과 우리가, 그리고 우리와 그들이 하나님의 뜻을 위해 살아가고, 하나님을 위해서 어떤 불의와 십자가와 어려움이든지 간에 기쁘고 끈기 있게 감당해서 주님의 인자하고 자비롭고 완전한 뜻을 인정하고 살펴보고 맛볼 수 있게 하소서.

그렇지만 화를 내고 격노하고 증오하고 위협하는 이들에게서 우리를 지켜주소서. 그러면 악한 생각을 품은 이들이 우리를 더 이상 해치지 못할 것입니다. 우리가 시편의 말씀 '그의 재앙은 자기 머리로 돌아가고 그의 포악은 자기 정수리에 내리리로다'(시 7:16)를 노래하듯이 악한 계략, 속임수, 그리고 노림수가 전혀 힘을 발휘하지 못하고 그들에게 되돌아가게 하소서. 아멘."

네 번째 간구. "오늘 우리에게 일용할 양식을 주시옵고."
나는 이 말씀을 묵상하면서 이렇게 기도한다네.

"사랑의 주님, 아버지 하나님이시여! 이렇게 잠시 육체적인 삶을 사는 동안에도 하나님의 축복을 허락해주소서. 복된 평안을 우리에게 자비롭게 허락하소서. 전쟁과 혼란에서 보호하소서. 세상의 지도자들에게 적과 맞서 승리하고 축복을 누리게 하소서. 지도자들이 세상의 나라를 평화롭고 번영되게 이끌도록 지혜와 이해력을 허락해주소서. 모든 지도자에게 선한 교훈을 허락하시고, 평온하고 정의롭게 백성들을 보존할 수 있게 하여주소서. 특별히 우리 지도자에게 하나님의 보호와 쉴 곳을 허락하시고 도와주셔서 어떤 해로움도 겪지 않게 하시고, 악한 입과 충성을 모르는 사람들로부터 안전하게 잘 다스리게 하소서. 모든 섬기는 이가 충성스럽게 순종하는 자세로 섬기도록 그들에게 은총을 허락해주소서.

도시에 살든지 시골에 살든지 간에 누구나 부지런하고 서로를 사랑하고 성실하게 대하게 허락해주소서. 좋은 날씨를 주시고 풍성한 추수를 허락하소서. 주님에게 내 집과 재산, 아내와 자녀를 맡깁니다. 그들과 행복하게 지내게 해주시고, 그리스도인으로서 살아갈 수 있도록 도와주고 가르치게 하소서. 이 세상에서의 삶을 훼방하고 해를 입히는 파괴자와 사탄에게서 우리를 지켜주소서. 아멘."

다섯 번째 간구. "우리가 우리에게 죄지은 자를 사하여 준 것같이 우리 죄를 사하여 주시옵고."

계속해서 이렇게 기도한다네.

"사랑의 주님, 아버지 하나님이시여! 우리를 심판하지 말아주소서. 그 누구의 삶도 주님 앞에서는 의로울 수 없기 때문입니다. 영적으로나 육체적으로나 말로 표현할 수 없을 만큼 베푸신 주님의 선하심에 감사하지 않고, 시편 말씀 '자기 허물을 능히 깨달을 자 누구리요. 나를 숨은 허물에서 벗어나게 하소서'(시 19:12)의 내용처럼 우리가 인정하고 깨닫는 것보다 자주, 하루도 거르지 않고 거듭 죄에 빠져드는 것을 죄로 간주하지 말아주소서. 우리가 얼마나 선하고 악한지 살피지 마시고, 하나님의 사랑스러운 아들 예수 그리스도 안에서 우리에게 허락하신 한없는 자비하심으로 살펴주소서.

우리를 괴롭히고 잘못한 이들을 진심으로 용서하오니 그들을 용서하소서. 그들의 잘못은 하나님의 화를 자초해서 스스로 더할 수 없는 해를 입히고 있습니다. 그들이 멸망하더라도 우리에게는 전혀 도움이 되지 않습니다. 오히려 우리와 더불어서 구원받기를 더욱더 간구하오니 그들의 영혼을 불쌍히 여기사 구원해주소서. 아멘."

여섯 번째 간구. "우리를 시험에 들게 하지 마시옵고."
덧붙여서 이렇게 기도한다네.

"사랑의 주님, 아버지 하나님이시여! 우리가 주님의 말씀을 따르고 의식하며 갈망하고 게으르지 않게 만드시어, 마치 모든 것을 얻은 양 무관심하고 나태하거나 늘어지지 않게 하소서. 두려운 사탄이 우리를 덮치지 않게 하시고, 주님의 소중한 말씀을 앗아가거나 우리 안에 다툼과 파벌을 형성하고, 영적으로나 육체적으로나 다른 죄와 부끄러움에 빠져들게 하지 못하게 하소서. 당당하게 사탄과 맞서고 승리를 거둘 수 있도록 주님의 영을 통해 지혜와 능력을 허락해주소서. 아멘."

일곱 번째 간구. "다만 악에서 구하시옵소서."
이어서 이렇게 기도한다네.

"사랑의 주님, 아버지 하나님이시여! 이 부끄러운 삶은 괴로움과 재앙, 위험과 불확실함, 그리고 원한과 불신뿐이라서(바울도 에베소서 5장 16절에서 '때가 악'하다고 말한다) 삶은 당연히 고달프고 죽음을 기대하게 됩니다. 하지만 사랑스러운 아버지가 되시는 하나님은 우리의 약점을 아십니다. 그러니 정말 사악하고 흉악한 일을 무사히 지날 수 있도록 도와주시고, 우리에게 마지막 순간이 닥칠 때 주님의 자비에 힘입어 기뻐하며 슬픔의 골짜기를 떠나게 허락하소서. 그리하면 죽음을 마주해도 두려워하거나 낙심하지 않고 흔들림 없는 믿음으로 우리 영혼을 주님 손에 맡길 수 있습니다. 아멘."

끝으로, 늘 흔들림 없이 "아멘"이라고 말하는 게 중요하다는 사실을 지적해 둔다네. 자비하신 하나님이 자네에게 분명히 귀를 기울이시고, 자네의 기도에 "그렇게 하겠다"고 말씀하신다는 사실을 어떤 경우에라도 의심해서는 안 되네. 자네가 홀로 무릎을 꿇거나 서 있다 생각하지 말고, 경건한 그리스도인 모두가 자네 옆에 서 있으며, 자네가 그들과 함께 힘을 합쳐 하나님이 외면하실 수 없는 간구를 하고 있다는 사실을 떠올려야 한다네. 그리고 항상 다음과 같은 확신이 생길 때까지 결코 기도를 멈춰서는 안 되네. "정말 하나님이 내 기도를 들어주셨어. 나는 이것을 흔들림 없이 온전히 믿어." 이것이 바로 아멘의 의미일세.

주님의 기도를 검토할 수 있는 시간과 기회를 가졌으니 이제 십계명 역시 계속해서 살펴보도록 하겠네(루터는 십계명을 현재 우리가 배우는 것과는 사뭇 다르게 구분한다. 루터는 십계명 가운데 1, 2계명을 하나로 묶어서 분류하고 있다 - 역자 주). 기도하는 데 활용할 수 있도록 산만하지 않으면서도 가능한 한 자유롭게 한 부분씩 검토해 보겠네.

십계명은 각각의 계명을 네 가지 부분으로 구분하고, 그것을 네개의 가닥으로 삼아 화관을 만들 수 있다네. 이것을 구체적으로 설명하면 이렇다네. 첫째, 나는 각각의 계명을 실제로 의도가 담겨 있는 가르침으로 생각하고, 주 하나님이 내게 아주 간절히 요구하시는 내용으로 간주한다네. 둘째, 나는 십계명을 감사기도로 표현한다네. 셋째는 고백이라네. 그리고 넷째는 기도라네. 이것을 다음과 같이 생각이나 글로 표현할 수 있다네.

첫째, 둘째 계명. "나는 네 하나님 여호와니라. 너는 나 외에는 다른 신들을 네게 두지 말라. 너를 위하여 새긴 우상을 만들지 말라."

여기서 나는 하나님이 무슨 일이든지 자신을 진정으로 신뢰하기를 바라고 교훈하신다는 것과 그분에게는 나의 하나님이 되시는 게 가장 큰 소원이라는 것을 진지하게 살펴볼 걸세. 나는 영원한 구원을 잃어버리는 위험을 감수하더라도 이런 식으로 그분을 생각하지 않을 수 없다네.

첫째, 내 마음은 다른 것을 의지하거나 그 어떤 것도 신뢰할 수 없다네. 부유함이나 체면, 지혜, 권세, 경건이나 그 무엇도 마찬가지일세.

둘째, 나는 하나님의 한없는 동정에 감사한다네. 그분은 아버지처럼 나를 찾아오시고, 부탁이나 요구가 없어도 공로를 내세우지 않으시면서 나의 하나님이 되어주시고, 필요한 순간마다 위로와 보호와 도움과 능력을 베풀어 주신다네. 죽을 수밖에 없는 불쌍한 우리는 여러 신을 찾아다녔고, 만일 하나님이 인간의 말로 우리 하나님이 되겠다고 말씀하시지 않았다면 지금도 여전히 찾아다니고 있을지도 모른다네. 이 어찌 그분께 영원히 감사하지 않을 수 있겠는가!

셋째, 나는 평생 아주 탁월한 교훈과 아주 소중한 선물을 어리석게 멸시하고, 헤아릴 수 없을 만큼 우상을 숭배해서 하나님의 분노를 크게 자극한 죄를 저지르고 은혜를 저버린 것을 고백한다네. 나는 이것을 회개하고 그분의 은총을 간구한다네.

넷째, 나는 이렇게 기도한다네. "나의 하나님이신 주여! 주님의 은총에 힘입어서 하루도 거르지 않고 주님의 계명들을 더욱 자세히 익히고 이해하고, 그것들을 진심으로 확신하면서 살아갈 수 있도록 도와주소서. 내 마음을 지키셔서 또다시 잊어버리고 감사를 잊는 법이 없게 하소서. 다른 신이나 세상의 위로나 어떤 피조물을 따르지 않게 하시고, 나의 유일한 하나님이 되시는 주님만을 진정으로 좇을 수 있게 하소서. 사랑하는 하나님 아버지께 아멘을 돌립니다. 아멘."

셋째 계명. "너는 네 하나님 여호와의 이름을 망령되게 부르지 말라."

첫째, 나는 하나님의 이름을 경외하고, 거룩하고 아름답게 대해야 한다고 배웠네. 하나님의 이름을 더럽히거나 저주하거나, 스스로를 자랑하거나 명예를 추구하거나 높아지는 데 이용해서도 안 된다네. 겸손하게 그분의 이름을 부르고 기도하고 찬양하고 높이고, 그분이 나의 하나님이 되시고 나는 보잘것없는 피조물이며 무가치한 종이라는 사실을 유일한 자랑과 영광으로 삼아야 한다네.

둘째, 나는 다음과 같은 소중한 선물을 주신 하나님께 감사한다네. 하나님은 이름을 나에게 계시하고 허락하셨고, 나는 그 이름으로 영광을 돌리고 하나님의 종과 피조물이라고 불리고 있다네. 그분의 이름은 솔로몬이 말했듯이 의로운 사람이 피신해서 보호받는 강력한 성과 같은 피난처가 된다네. "여호와의 이름은 견고한 망대라. 의인은 그리로 달려가서 안전함을 얻느니라"(잠 18:10).

셋째, 나는 살아오면서 적잖게, 그리고 부끄럽게 이 계명을 어겼다는 사실을 고백하고 인정할 수밖에 없다네. 하나님의 거룩한 이름을 의지하고 높이거나 영광을 돌리지 못했을 뿐 아니라 수치와 죄악을 좇느라 그분의 이름을 더럽히고 거짓을 말하고 배반하면서 잘못 사용했다네. 이것에 대해 쓰라리게 후회하고 은총과 용서를 간구한다네.

넷째, 이후로 이 계명을 배우고(순종하고), 하나님의 이름을 거부하면서 감사를 모르고 악용하거나 죄를 범하지 않고, 그분의 이름을 존중하고 영광스럽게 대하면서 감사할 수 있는 도움과 능력을 간구한다네.

여기서 나는 주님의 기도를 거론하며 이미 앞에서 언급한 내용을 또다시 반복한다네. "한참 그런 생각을 하면 성령님이 마음속에서 풍성한 깨달음으로 안내하는 생각을 빌어서 교훈하기 시작하면 이렇게 글로 기록한 기도문을 내려놓아야 그분이 영광을 받으십니다. 당신보다 기도에 뛰어나신 그분께 조용히 귀를 기울여야 합니다." 성령님의 말씀을 잘 기억하고 기록해 두어야 한다네. 그러면 다윗 왕이 말했듯이 하나님의 법 안에서 놀라운 일들을 목격하게 될 걸세. "내 눈을 열어서 주의 율법에서 놀라운 것을 보게 하소서"
(시 119:18).

넷째 계명. "안식일을 기억하여 거룩하게 지키라."

첫째, 나는 이 계명으로부터 무엇보다 안식일은 게으름이나 세
상의 즐거움을 탐닉하도록 제정된 게 아니라는 사실을 깨달았네. 우
리는 안식일을 거룩하게 지켜야 한다네. 그런데 그날은 우리의 일이
나 행위로 성별되지 않는다네. 우리가 처리하는 일들은 거룩하지 않
다네. 전적으로 정결하고 거룩한 하나님 말씀으로 가능할 뿐이라네.
그 말씀은 접촉하는 모든 것을 거룩하게 만든다네. 그것은 시간, 장
소, 사람, 노동, 휴식 등을 가리지 않는다네.

모든 피조물이 하나님 말씀과 기도로 거룩해진다고 말한 사도
바울에 따르면 우리의 노력은 말씀을 통해 거룩해지는 걸세. "하나
님께서 지으신 모든 것이 선하매 감사함으로 받으면 버릴 것이 없나
니 하나님의 말씀과 기도로 거룩하여짐이라"(딤전 4:4-5). 그러므
로 나는 안식일에 무엇보다 하나님 말씀을 듣고 묵상해야 한다고 생
각한다네. 그런 뒤에 입을 열어서 하나님께 감사하고, 허락하신 모
든 자비하심을 찬양하고, 그리고 나 자신과 다른 사람들을 위해서
기도해야 한다네. 안식일에 그렇게 행동하면 안식일을 거룩하게 지
키는 것일세. 그렇게 하지 못한다면 안식일에 일하는 사람보다 더
나쁜 행동을 하는 거라네.

둘째, 나는 이 계명을 통해 하나님이 우리를 교훈하시면서 위대하고 아름다운 선하심과 은총을 허락하신 사실에 감사한다네. 그리고 하나님은 특히 안식일에 그 교훈을 활용하도록 가르쳐 주셨다네. 인간이 마음으로 묵상하더라도 그런 보물이 닳아서 없어질 수 없기 때문일세. 하나님 말씀은 이 어두운 세상의 유일한 빛, 생명의 말씀, 위로, 그리고 놀라운 축복이 된다네. 이 소중한 구원의 말씀이 사라지면 우리가 매일 두 눈으로 확인하듯이 두렵고 무서운 암흑, 잘못과 분열, 죽음과 온갖 재앙, 사탄의 횡포만이 존재할 따름이라네.

셋째, 나는 내가 엄청난 죄를 짓고 전혀 감사할 줄 몰랐다는 사실을 고백하고 인정한다네. 평생 안식을 터무니없이 활용했고, 덕분에 하나님의 소중하고 사랑스러운 말씀을 그릇된 방식으로 경멸했다네. 나는 너무 게으르고 활기를 잃어버리고 나태해서 귀를 기울이지 않았으며, 진심으로 관심을 갖거나 감사하지 않았다네. 나는 사랑스러운 하나님이 내게 주신 말씀을 무의미하게 만들고 귀한 보화를 외면하고 짓밟아버렸다네. 하나님은 이것을 크고 거룩한 자비로 인내하시면서 아버지의 거룩한 사랑을 계속해서 베푸시고 성실하게 교훈하시고 영혼의 구원을 기억하게 하셨다네. 그 때문에 나는 회개하고 은총과 용서를 간구한다네.

넷째, 나는 자비로운 아버지께서 거룩한 말씀을 우리 안에 보존하게 하시고, 죄악이나 감사를 모르는 마음과 게으름 때문에 그것을 거두어 가시지 않기를 기도한다네. "우리를 다툼의 영들과 거짓 교사들로부터 보존하시고, 추수를 위해서(마 9:38) 충성스럽고 정직한 일꾼들, 곧 경건한 목회자와 설교자들을 보내주소서. 그들의 말을 주님의 말씀으로 듣고 받아들이고 존중하면서 진심으로 감사하고 찬양할 수 있게 허락하소서. 아멘."

다섯째 계명. "네 부모를 공경하라."

첫째, 나는 창조자이신 하나님이 얼마나 놀랍게 내 몸과 영혼을 창조하셨는지, 그리고 부모님을 통해 어떻게 생명을 주셨고, 그분들에게 육신의 열매인 나를 최선을 다해 돌보고 싶은 마음을 불어넣으셨는지 깨우치고 있다네. 하나님은 나를 이 세상에 보내시고 나를 기르시고 돌보시며 상당히 부지런히 조심스럽게 그리고 관심을 갖고 양육하고 교육하셔서 위험과 문제, 어려움 등을 감당하게 하셨다네. 지금도 하나님은 자신의 피조물인 나를 보호하시고 헤아릴 수 없는 위험과 어려움을 이겨내도록 도우신다네. 언제나 나를 새롭게 창조하시듯 말일세. 하지만 사탄은 호시탐탐 우리를 노리며 인생의 어느 순간에도 우리를 마음대로 내버려 두지 않는다네.

둘째, 나 자신과 온 세상을 대신해서 인류, 곧 가정과 국가의 번성과 보존을 계명에 포함시키고 보증하신 하나님께 감사한다네. 이런 두 개의 제도나 정부가 없었다면 세상은 단 한 해도 지속될 수 없을 걸세. 정부 없이 평화는 있을 수 없고 평화가 없는 곳에 가족이 존재할 수 없기 때문이라네. 가정이 없으면 자녀를 낳고 기르는 게 불가능하고 아버지와 어머니의 역할 역시 사라지게 될 것일세. 가정과 국가를 한꺼번에 보호하고 보존하며 자녀와 아랫사람들에게 순종하도록 훈계하고 그것을 역시 강제로 부과하고 계명을 어기지 않으면 처벌하지 않는 게 이 계명의 목적이라네. 즉 처벌은 자녀가 전에 오랫동안 순종하지 않고, 아랫사람들이 나라를 어지럽혀서 부모와 통치자들이 감당할 수 없을 때만 가능하다는 뜻일세. 그래서 이 계명은 말로 설명할 수 없을 정도로 유익하다네.

셋째, 나는 정말로 불순종하고 죄지은 것을 고백하고 후회한다네. 하나님의 계명을 거역하면서 부모님을 존경하거나 순종하지 않았다네. 부모님의 마음을 상하게 하거나 화를 돋우고 훈육을 참지 못하고 애정 어린 교훈 때문에 화내고 조롱하고 바르지 못한 교제를 하거나 악한 친구들과 어울렸다네. 하나님은 그렇게 불순종하는 자녀들을 직접 정죄하시고 오랫동안 멀리하신다네. 그런 자녀들은 대부분 어른이 되기도 전에 쓰러지고 멸망한다네. 아버지와 어머니에게 순종하지 않는 사람은 생명을 잃어버리거나, 하나님의 분노를 사서 좋지 않은 결말을 맞이하게 된다네. 이 모든 것에 대해 나는 회개하고 은총과 용서를 간구한다네.

넷째, 나 자신과 온 세상을 위해 하나님이 가정과 국가에 은총을 허락하시고 풍성한 축복을 부어주시기를 기도한다네. "이 순간 이후로 부모에게 성실하고 부모를 존경하고 윗사람들에게 순종하며, 사탄이 불순종하고 반항하도록 유혹해도 물리치게 하시고, 직접 가정과 국가의 발전을 돕고 평화를 유지할 수 있도록 허락하소서. 그래서 하나님께 찬양과 영광을 돌리는 모든 것이 우리에게 유익이 되고 모두가 번성하게 하소서. 우리가 이것을 하나님의 선물로 인정하고 감사할 수 있게 하소서."

여기서 우리는 하나님이 부모님과 윗사람들에게 우리를 평화롭고 행복하게 다스리고 이끌 수 있는 사리 판단과 지혜를 허락해 달라는 기도를 덧붙여야 한다네. "사랑의 하나님! 부모로 하여금 잘못되거나 격노할 일에서 보호하시고, 하나님의 말씀을 존중하고 억누르지 아니하며, 누구도 박해하지 않고 불의를 행하지 않게 하소서. 사도 바울이 교훈하듯이 그런 좋은 선물들을 기도로 추구하게 하소서. 아멘." 그러지 않으면 사탄이 궁전을 지배하고 모든 것이 혼돈과 혼란에 빠져들게 될 것일세.

이 순간 아버지와 어머니는 자녀를 기억하고 가정을 위한 일꾼이 되어야 한다네. 사랑하는 하나님 아버지께 진지하게 기도해야 한다네. 하나님은 자신의 이름으로 영광스러운 직분을 감당하게 하시고 '아버지'라는 이름 덕분에 존경받게 하신다네. 하나님이 거룩하고 기독교적인 방식으로 아내, 자녀, 가족을 보살피고 후원하시는 은총과 축복을 허락해 주시기를 간절히 기도해야 한다네. 그들을 진심으로 잘 훈련하고, 그들이 지시에 순종하도록 지혜와 능력을 내려주시기를 간절히 기도해야 한다네. 그렇지 않으면 가정은 돼지우리나 거칠고 믿음을 찾아볼 수 없는 폭력배의 온상으로 전락하고 말 것일세.

여섯째 계명. "살인하지 말라."

여기서 나는 무엇보다 하나님은 우리가 이웃을 사랑하기를 바라시고, 말이나 행동으로 신체적인 해를 입히지 말고, 화나거나 속상하다거나 밉다거나 혹은 다른 어떤 악한 이유로 상처를 주고 보복하기보다는 살아가는 데 필요한 것을 지원하고 상담해주어야 한다는 것을 배우게 된다네.

첫째, 나는 이 계명을 통해 하나님은 이웃의 몸을 보호하라 명령하시고, 거꾸로 이웃에게는 나를 보호하도록 지시하셨다는 사실을 발견하게 된다네. 외경에 나오는 시락 역시 이렇게 말했다네. "될 수 있는 대로 이웃과 잘 어울리고 현명한 사람들과 의견을 나눠라"(집회서 9:14).

둘째, 나는 내게 주어진 형언할 수 없는 사랑, 섭리, 그리고 성실하심에 감사한다네. 하나님은 이렇게 강력한 방패와 담이 되셔서 우리의 육체를 안전하게 지켜주신다네. 내 필요를 채우고 보호하는 데 모든 것이 활용되었으니 이제 나는 이웃에게 동일하게 베풀어야 한다네. 하나님이 이 계명을 강조하시기 때문에 그대로 지켜지지 않은 곳에서는 순종하지 않는 이들을 상대로 심판의 칼을 잡으신다네. 이렇게 훌륭한 계명과 지시가 주어지지 않았더라면 사탄은 사람들 사이에 그 누구도 단 한 시간도 견딜 수 없는 대학살을 유도했을 것일세. 그리고 하나님 역시 불순종하고 감사를 모르는 세상 때문에 분노하시고 심판을 내리셨을 것일세.

셋째, 나는 나 자신과 세상의 사악함을 고백하고 후회한다네. 우리는 아버지와 같은 사랑과 걱정에 대해 전혀 감사하지 않을뿐더러 이 계명과 교훈을 인정하지 않고, 배우려고 하지도 않고, 그리고 우리와 무관하거나 전혀 관련되지 않은 것처럼 무시하는 경향이 있다네. 정말 부끄러운 일이지. 우리는 무관심하게 걸어가면서 이 계명을 무시하여 이웃을 외면하고 포기하고 박해하고 상처를 입히고 심지어는 머릿속으로 죽여버릴 생각까지도 한다네. 화내고 격노하고 마치 우리가 고상하고 훌륭한 일을 하는 것처럼 나쁜 짓을 저지르지. 정말 이제는 우리가 얼마나 범죄자처럼, 맹목적이고 제멋대로이고 무정한 사람처럼 행동했는지 돌아보고 후회할 때인 것 같네. 그들은 성난 짐승처럼 서로 걷어차고 할퀴고 쥐어뜯고 삼키면서 중대하고 거룩한 이 계명에 전혀 관심을 두지 않고 있다네.

넷째, 나는 사랑스러운 아버지께 거룩한 이 계명을 이해하고 그대로 지키면서 그것에 따라 살아가게 해달라고 기도한다네. "사랑의 하나님! 온갖 살인과 폭력에 능한 살인자로부터 우리를 보존하소서. 우리와 나머지 모든 사람이 서로를 부드럽고 친절하고 동정하는 방식으로 대하면서 서로를 진심으로 용서하고, 그리스도인이며 형제와 같은 모습으로 각자의 단점과 잘못을 감당하면서 계명이 교훈하고 요구하듯이 진정한 평안과 화합을 함께 누릴 수 있는 은총을 허락해주소서. 아멘."

일곱째 계명. "간음하지 말라."

첫째, 나는 여기서 하나님의 의도와 기대가 무엇인지 한 번 더 배우게 된다네. 하나님은 생각과 말과 행동에 있어서 순결하고 단정하고 절제하면서 그 어떤 남자의 아내, 딸, 혹은 가족들을 더럽히지 않기를 바라신다네. 이것 이상으로 나는 최선을 다해 결혼생활과 예절을 지키고 구하고 보호해야 한다네. 스스로 명성을 파괴하고 훼손하고 싶어 하는 이들의 한심한 생각을 바로잡아야 한다네. 이 모든 일을 당연히 수행해야 하는 것은 물론이고, 하나님은 내 이웃의 아내와 가족을 건드리는 것을 바라지 않으시기 때문에 나는 이웃을 상대로 하나님의 선하신 성품과 명예를 보존하고 보호해야 할 의무가 있는 것일세. 이것은 이웃들이 나, 그리고 나와 관련된 이들을 상대로 이 계명을 지켜주기를 바라는 것과 다르지 않다네.

둘째, 나는 성실하고 사랑스러운 아버지께서 베풀어주신 은총과 자비에 감사한다네. 하나님은 남편, 부인, 아들, 딸, 가족들을 돌보시고 보호하시며, 악한 소문을 퍼뜨리는 것은 무엇이든지 아주 엄격하고 확고하게 금하신다네. 하나님은 이 계명을 보호하고 지지하시며, 어기면 반드시 심판하신다네. 누군가 그 계명과 교훈을 무시하고 어기면 그분이 직접 나서신다네. 누구도 하나님을 피할 수 없게 되는 것이지. 그분은 죗값을 치르게 하거나 결국 지옥의 불 속에서 정욕을 속죄하게 만드신다네. 하나님은 순결을 바라시고 간음을 용납하지 않으시며, 회개를 모르고 방탕한 사람이 하나님의 분노를 사서 불행하게 멸망하는 것을 하루도 거르지 않고 목격하신다네. 그렇지 않으면 사탄의 더러운 짓에 맞서서 아내와 자녀와 가족들을 단 한 시간이라도 보호하거나 명예와 품위를 지켜주는 게 불가능하다네. 그러면 고삐 풀린 짐승과 다를 바 없는 부도덕한 행동이 뒤따른다네. 분노하신 하나님이 손을 떼시고 모든 것이 멸망하고 파괴되도록 내버려 둘 때와 다르지 않은 것일세.

셋째, 나는 나와 세상 모두가 저지른 죄와 내가 평생 생각과 말과 행동으로 이 계명을 어겼다는 것을 고백하고 인정한다네. 이 놀라운 교훈과 선물에 감사하지 않았을 뿐 아니라 순결함과 단정함에 대한 하나님의 요구를 불평하고 거역했었네. 하나님은 어떤 유형의 간음이나 그릇된 행동을 그냥 넘기거나 심판하시지 않는 경우가 단 한 번도 없다네. 그분은 결혼을 경멸하고 우스갯거리로 만들거나 비난하는 것을 용납하지 않으신다네. 이 계명을 어기는 범죄는 그 무엇보다 아주 두드러져서 가리거나 꾸밀 수 없다네. 이것은 정말 안타까운 일이라네.

넷째, 나는 하나님이 우리로 하여금 이 계명을 즐겁고 기쁘게 지킬 수 있는 은총을 허락하셔서 우리가 스스로 순결한 삶을 살고, 다른 사람들 역시 같은 행동을 하도록 돕고 지원할 수 있도록 나 자신과 세상 모두를 위해 기도한다네. 계속해서 나는 다른 계명에 대해서도 시간이나 기회나 분위기를 그대로 유지한다네. 앞에서 거론했듯이 누구도 내 말이나 생각에 속박되는 것 같은 기분이 들지 않기를 바란다네. 계명을 지키고 싶어 하는 이들에게 그저 한 가지 사례를 제시하고 싶을 뿐이라네. 누구든지 그렇게 할 수 있음을 증명하게 하고, 모든 계명을 한꺼번에 혹은 본인이 바라는 만큼 묵상하게 하는 것이지. 마음은 그 특성상 일단 한 가지 문제에 집중하면 열 시간 동안 혀로 암송하거나 열흘 간 글로 쓰는 것보다 한순간에 더 많은 것을 생각할 수 있는데, 그것은 좋을 수도 있고 나쁠 수도 있다네. 마음과 영혼에는 빠르고 미묘하고 강력한 게 존재한다네. 진심으로 바라게 되면 열 가지 계명을 네 가지 관점에서 아주 신속하게 검토하는 것도 가능할 걸세.

여덟째 계명. "도둑질하지 말라."

첫째, 여기서 나는 내 이웃의 재산을 가로채거나 이웃의 뜻과 달리 은밀하게 혹은 공개적으로 소유해서는 안 된다는 것을 배우게 된다네. 사업, 봉사, 노동을 하면서 거짓을 말하거나 정직하지 않거나 부정하게 이익을 추구해서는 안 된다네. 땀 흘려서 생계를 꾸리고 명예롭게 빵을 먹어야 하는 것이지. 아울러 앞서 거론한 어떤 방법으로도 이웃을 속여 빼앗을 수 없다는 사실을 인정해야 한다네. 나 역시 바라지 않는 일이기 때문이지.

나는 이 계명을 통해 하나님은 아버지처럼 염려하는 마음으로 내 소유를 보호하는 울타리를 설치하시고 누구도 훔쳐가지 못하게 막아주신다는 사실 역시 알게 되었다네. 계명을 무시하면 벌을 내리시고, 교수대와 사형집행인의 밧줄을 피하지 못하게 하시지. 그것이 불가능할 때는 하나님이 직접 처벌하시기 때문에 결국에는 빈털터리가 되고 말 걸세. 격언에도 이런 말이 있지 않은가? "어려서 도둑질하는 자는 늙어서 비렁뱅이가 된다." "훔쳐서 얻은 것은 쉽게 사라진다."

둘째, 덧붙여 나와 세상 모두에게 그렇게 탁월한 교훈과 확신과 보호를 허락하시는 하나님의 변함없는 선하심에 감사한다네. 하나님의 보호가 없었다면 집안에 동전 한 닢, 빵 한 조각도 남아 있지 않았을 걸세.

셋째, 내가 살아오면서 잘못하고 빼앗고 속이면서 저지른 죄악과 어리석음을 고백한다네.

넷째, 나와 온 세상이 이 계명을 통해서 배우고 심사숙고하고 더 괜찮은 사람이 되도록 하나님이 허락해 주시기를 간구한다네. 그래서 도둑질하거나 강탈하지 않고 높은 이자를 챙기지 않고 속이거나 불의를 행하지 않고 모든 성도와 피조물이 기도하는 심판의 날(롬 8:20-23)이 속히 임해서 이런 죄악이 그치게 되기를 기도한다네.

아홉째 계명. "네 이웃에 대하여 거짓 증거하지 말라."

첫째, 이 계명은 무엇보다 서로에게 성실하고 거짓과 험담을 피하고 상대방에 대해서 좋은 말을 하고 다른 사람 칭찬하는 말 듣는 것을 즐기라는 교훈이라네. 그러면 악의적인 소문과 근거 없는 혀로부터 선한 명성과 거룩한 삶을 보호할 수 있는 담이 세워지지. 하나님은 다른 계명들과 마찬가지로 심판하지 않고 넘어가지 않으실 걸세.

둘째, 여기서 나는 하나님이 은혜롭게 우리에게 교훈과 보호를 한꺼번에 허락하신 사실에 대해 감사하지 않을 수 없다네.

셋째, 우리는 감사를 모르고 살아온 것과 죄를 저지른 것, 그리고 잘못되고 악한 말로 이웃을 헐뜯은 것을 고백하고 용서를 간구해야 한다네. 우리는 스스로에게 바라듯이 그분과 동일하게 명예롭고 거룩한 삶을 살아야 했지만 그러지 못했다네.

넷째, 우리는 지금부터 계명과 치유하는 혀를 지킬 수 있도록 도움을 간구해야 한다네.

열 번째 계명. "네 이웃의 집을 탐내지 말라."

여기에는 "네 이웃의 아내…"까지 포함된다네.

첫째, 이 계명은 무엇보다 법적으로 주장되는 우리 이웃의 소유를 빼앗거나, 이웃의 재산을 꾀어서 가로채거나 빼돌리거나 강탈하면 안 된다는 교훈일세. 우리가 자신을 위해서 기대하듯 이웃을 위해서도 그들의 소유를 유지하게 도와주어야 한다네. 그것은 결국에 가서 심판받게 될 악한 사기꾼의 교활함과 속임수까지도 막아준다네.

둘째, 우리는 하나님께 감사해야 한다네. 셋째, 우리는 회개하고 슬퍼하면서 자신의 죄를 고백해야 한다네. 넷째, 우리는 이와 같은 거룩한 계명들을 헌신적으로 지키기 위해 도움과 능력을 간구해야 한다네.

　이상의 내용은 십계명을 네 가지 차원, 즉 배움의 책, 찬양의 책, 참회의 책, 그리고 기도의 책처럼 살펴본 것이라네. 십계명은 정신을 차리고 기도에 대한 열정이 성장하도록 돕기 위해 만들어졌지. 하지만 이 모든 것을 그대로 지키겠다고 보증하지 않도록, 그리고 영적으로 지치지 않도록 조심해야 한다네. 마찬가지로 좋은 기도는 길게 오래 하지 않고 뜨겁게 자주 하는 것이라네. 마음의 불을 붙이는 데는 그리 오랜 시간이 걸리지 않는 법이라네. 성령님은 하나님의 말씀을 통해 우리 마음이 깨끗해지고, 쓸데없는 생각과 관심이 사라지는 순간에 이것을 우리에게 허락하시고 계속해서 교훈하실걸세.

시간이 조금 더 있거나 마음이 이끌리면 사도신경을 같은 방식으로 살펴보고, 그것을 네 가지 가닥으로 삼아서 화관을 만들 수 있다네. 하지만 사도신경은 거룩하신 삼위일체에 상응해서 세 가지 주요 부분이나 주제로 구성되어 있고, 교리문답서나 다른 곳에도 그렇게 구분되어 있다네.

첫째 주제, 창조

"전능하사 천지를 만드신 하나님 아버지를 내가 믿사오며." 무엇보다 자네가 이 부분에서 세상의 온갖 언어와 무수한 책들로도 설명하거나 표현할 수 없는 것, 즉 자네가 누구이고, 자네가 어디에서 왔고, 어디에서 하늘과 땅으로 왔는지에 관해 몇 마디 교훈을 용납한다면 놀라운 빛이 여기서 자네의 마음을 비추게 될 것일세. 자네는 하나님의 피조물이고 손수 만드신 작품이라네. 달리 말하자면 자네 자체는 아무것도 아니고 아무것도 할 수 없고 아무것도 알지 못하고 아무것도 해낼 수 없다는 말일세.

자네는 천 년 전에는 어떤 존재였을까? 6천 년 전에 하늘과 땅은 어떤 상태였을까? 아무것도 아니었다네. 창조되지 않은 것은 아무 존재도 아니라네. 그렇지만 자네의 모습, 지식, 행동, 그리고 업적은 입으로 직접 (신앙고백을) 고백하듯 하나님이 창조하신 것이라네. 그러므로 하나님 앞에서 자랑할 게 전혀 없는 것이지. 자네는 아무것도 아니고, 하나님은 언제든지 멸망시킬 수 있는 창조자라는 것 말고는 자랑할 게 없다네.

이성으로는 그런 빛을 깨닫지 못한다네. 여러 위대한 인물이 하늘과 땅, 인간과 피조물이 무엇인지 파악하려고 노력했지만 답을 발견하지 못했다네. 하지만 사도신경에는 설명되어 있고, 하나님이 무로부터 만물을 창조하셨다는 사실을 신앙이 확증하고 있다네. 영혼을 위한 즐거움의 동산이 여기에 존재하는 것이지. 그 길을 따라 우리는 하나님의 솜씨를 즐기는 것일세. 하지만 그 모든 것을 설명하기에는 너무나 많은 시간이 필요하다네.

아울러 하나님이 자비하심으로 아무것도 없는 상태에서 우리를 창조하시고, 아무것도 없는 상태에서 매일의 필요를 제공하시니 감사할 수밖에 없다네. 그분은 우리를 몸과 영혼과 지능과 오감을 소유한 아주 탁월한 존재로 만드셨고, 땅과 물고기와 새와 짐승의 주인으로 결정하셨다네. 여기서 우리는 창세기 1장부터 3장까지의 말씀을 주의 깊게 다시 살펴보아야 한다네.

　우리는 이것을 진심으로 받아들이거나 믿거나, 혹은 깊이 생각하거나 인정하지 못했고, 사고할 줄 모르는 짐승보다 더 어리석게 믿음과 감사하는 마음을 갖지 못했음을 고백해야 한다네. 그리고 우리는 사도신경의 이 부분이 소개하듯 하나님이 우리 창조주가 되신다는 사실을 진심으로 자랑하고 신뢰하는, 진솔하고 확신하는 신앙을 가질 수 있게 해달라고 기도해야 한다네.

둘째 주제, 구속

　　　"그 외아들 우리 주 예수 그리스도를 믿사오니." 또다시 커다란 빛이 비쳐서 하나님의 아들이신 예수님이 우리를 어떻게 죽음에서 구속하셨는지 교훈한다네. 창조 이후에 아담이 타락하는 바람에 죽음은 우리의 운명이 되었고, 그래서 영원히 멸망할 수밖에 없게 되었지. 그러나 이제는 이렇게 생각해야 한다네. 즉 사도신경의 첫 번째 부분에서 자네 자신을 하나님의 피조물 가운데 하나로 간주하고 의심하지 않았듯이, 자신을 구속받은 사람 가운데 하나로 인정하고 전혀 의심해서는 안 된다네.

가령 다른 무엇보다 한 개의 단어, 즉 예수 그리스도, 우리 주님을 강조해야 한다네. 우리 때문에 고통을 겪으셨고 우리 때문에 죽으셨고 우리 때문에 살아나셨다네. 이 모두가 우리를 위한 것이고 우리와 관계가 있는 것이라네. 이 우리 안에는 하나님의 말씀이 선언하듯 자네 역시 포함된다네.

그러므로 자네는 그런 은혜에 진심으로 감사하고 구원을 즐거워해야 한다네. 그리고 그런 선물을 터무니없이 불신하고 신뢰하지 않은 것을 슬퍼하고 후회하고 고백해야 한다네. 거듭해서 저지른 우상숭배가 떠오를 것일세. 성인들에게 얼마나 기도를 바쳤고 구원과 상반된 무익한 선행을 수행하려고 얼마나 기도했는지 말일세. 이제는 하나님이 자네를 지금부터 세상이 끝나는 날까지 우리 주 예수 그리스도 안에서 진실하고 순수한 믿음으로 보존하시기를 기도해야 한다네.

셋째 주제, 성화

"성령을 믿사오며." 이것은 우리에게 창조자와 구속자를 이 세상 어디에서 발견하고 확실하게 만날 수 있는지, 그리고 이 모든 것이 마침내 무엇을 가져다주는지 가르쳐줄 수 있는 세 번째 커다란 빛이라네. 이것에 관해서는 소개할 게 많지만 요약하면 이렇다네. 거룩한 그리스도의 교회가 존재하는 곳에서 매일 죄를 용서하심으로써 우리를 거룩하게 만드시는 창조주 하나님, 구속자 하나님, 성령 하나님을 만날 수 있다네. 이런 신앙에 관한 하나님의 말씀이 바르게 전해지고 고백되는 곳에 하나님의 말씀이 존재한다네.

게다가 여기에서 성령님이 매일 교회에서 행하시는 모든 일을 오랫동안 깊이 생각할 기회를 갖게 되는 것이지. 그러므로 자네가 교회로부터 부름을 받았고 찾아오게 된 것에 감사해야 한다네. 이 모든 것을 외면하면서 믿음과 감사하는 마음을 갖지 못한 것을 고백하고 슬퍼하며, 죽음으로부터의 부활을 넘어서서 영원한 삶을 누리고 지속되는 곳에 다다를 때까지 우리는 모두 진실하고 흔들림 없는 믿음을 유지하도록 기도해야 한다네. 아멘.

기도할 때 지금껏 내가 거론한 내용을 그대로 반복하는 게 바람직하지 않다는 사실도 함께 기억해 두어야 하네. 그렇게 하면 한가하게 수다를 떨고 무익한 말을 내뱉는 것이나, 평신도와 목회자가 기도책의 문장을 그대로 읽어대는 것과 다르지 않다네. 그보다는 자네가 주님의 기도를 제대로 이해하도록 안내하고 싶었네. 그렇게 해서 마음이 뜨거워져 기도하고자 하는 열정을 갖게 된다면 여러 가지 방법을 활용하거나 말을 많고 적게 하는 식으로 그런 생각들을 표현할 수도 있을 것일세. 나는 표현에 얽매이는 게 내키지 않아서 기분과 감정에 따라 날마다 기도를 달리한다네. 하지만 있는 힘을 다해 생각과 의도를 일정하게 유지할 수 있도록 노력하는 것도 중요한 것이라네.

어쩌다가 한 가지 간구와 관련된 갖가지 생각에 휩쓸리다 보면 다른 간구를 무시할 수도 있다네. 괜찮은 생각들이 쏟아지면 나머지 간구를 미뤄둔 채 그런 생각에 필요한 여유를 갖고 침묵하면서 귀를 기울이되 무슨 일이 있더라도 가로막아서는 안 된다네. 이 순간에 성령님이 교훈을 주시기 때문이지. 그분의 한마디 가르침은 우리가 수천 번을 기도하는 것보다 훨씬 더 낫다네. 그리고 많이 읽고 깊이 생각해서 깨우치는 것보다 한 번의 기도로 더 많은 것을 깨달을 때가 더 많다네.

간절히 기도할 준비를 하는 게 무엇보다도 중요하다네. 외경인 집회서도 이렇게 말하고 있지 않은가! "치성을 드리기 전에 스스로 준비를 갖추어라. 주님을 떠보는 자와 같은 행동을 하지 말아라"(집회서 18:23). 쓸데없는 말을 하고 이런저런 생각을 하는 것보다 하나님을 시험하는 게 또 있겠는가? 그것은 이렇게 기도하는 신부와 다르지 않다네. "하나님이여, 속히 나를 건지소서. 일꾼아, 말은 풀어놓았느냐? 여호와여, 속히 나를 도우소서. 하녀야, 나가서 우유를 짜 오거라. 성부와 성자와 성령께 영광이 있으라. 아이야, 눈썹이 휘날리도록 급히 서둘러라!"

교황을 따르던 시절에 많은 사람이 그렇게 기도하는 것을 들었을 걸세. 그들의 기도는 대개 그런 식이었다네. 이것은 하나님을 모독하는 일이라네. 올바로 기도할 수 없거나 집중할 수 없다면 놀이를 하는 편이 훨씬 더 나을 걸세. 안타깝게도 나 역시 대부분 그렇게 기도 시간을 보냈고, 기도를 시작한 것인지 진행 중인지 깨닫기도

전에 찬양이나 정해진 시간을 끝마쳤던 시절이 있었다네.

위에서 언급한 신부처럼 모든 사람이 일거리와 기도를 뒤섞지는 않지만 속으로는 그렇게 생각한다네. 그들은 이런저런 생각을 하다 보니 기도를 끝마치고 나서도 자신이 무슨 행동을 했고 무엇을 말했는지 알지 못한다네. 찬양으로 시작하다가도 곧장 바보의 낙원을 향해 달려가는 것이지. 내가 보기에 차갑고 혼란스러운 마음으로 기도하는 순간 무슨 일이 벌어지는지 의식하지 못하는 사람은 그보다 터무니없는 말장난이 있을 수 없다는 사실을 제대로 파악하지 못하는 것과 같은 것일세. 하지만 자신이 하는 말을 기억하지 못하는 사람은 기도 역시 제대로 할 수 없다는 게 이제 분명해졌으니 하나님을 찬양해야 한다네. 기도를 시작할 때부터 마치는 순간까지 그 내용과 생각을 남김없이 기억하는 게 좋은 기도일세.

마찬가지로 솜씨 좋고 몰입하는 이발사는 생각과 관심과 시선을 면도칼과 머리카락에 고정한 채 면도와 이발이 얼마나 진행되었는지 주시한다네. 만일 그가 대화에 너무 자주 끼어들거나 마음이 심란하거나 다른 곳을 바라본다면 손님의 입이나 귀, 또는 목에 상처를 입힐 수도 있지 않은가? 그러니 무슨 일이든지 제대로 처리하려면 무엇 하나 놓치지 말고 주의를 집중해야 한다네. 옛 속담의 교훈 역시 다르지 않다네. "잡다하게 생각하는 것은 전혀 생각하지 않는 것이라서 도움이 되지 않는다." 좋은 기도가 되기 위해서는 한 가지에 집중하는 마음이 얼마나 필요한지 알 수 있을 걸세!

이것이 바로 내가 기도할 때마다 주님의 기도와 십계명, 사도신경을 사용하는 방식이라네. 오늘까지 나는 주님의 기도를 마치 아기가 젖을 찾듯이 찾았고, 어른처럼 먹고 마셨지만 질려본 적이 한 번도 없었다네. 정말 뛰어난 기도이고 시편보다 훌륭하다네. 나는 그 기도를 아주 소중하게 생각한다네. 살아계신 주님이 직접 가르쳐주신 게 분명하기 때문일세. 대단한 주님의 기도가 우리 믿는 사람에게 제대로 대접받지 못하니 정말로 안타까울 따름일세!

한 해 동안 주님의 기도를 수천 번씩 하는 사람들이 얼마나 많은지 알 수 없다네. 하지만 그들이 그렇게 천 년을 반복한다 해도 그 기도의 진정한 가치를 일점일획도 맛보지 못했거나 기도하지 않은 것일 수도 있다네! 한마디로 말하자면 주님의 기도는 지상에서 최고의 순교자라네(하나님의 이름과 그것을 표현하는 단어처럼 말일세). 누구든지 주님의 기도를 제대로 사용해서 기도한다면 위안과 기쁨이 삶 속에서 넘쳐날 것일세.

기도로 아침을 시작하고 기도로 하루를 끝마치는
것은 좋은 일이라네. 하지만 그릇된 생각에
현혹되지 않도록 조심해야 한다네.
기도만큼 중요하거나 그보다 더 훌륭한 일을
아주 급하게 처리해야 할 때도 있겠지만
우리는 항상 기도에 우선순위를 두어야 한다네.

Part 2는 레이먼드 브라운의 저서
「네 명의 영적 거장들」에서 마틴 루터의 기도에 관한
내용을 참조 발췌한 것이다.
레이먼드는 이 책에서 루터가 자신의 이발사이자
친구인 베스켄도르프에게 쓴 편지글 형식의
「단순한 기도의 방법」이란 책을 바탕으로
마틴 루터의 기도생활을 자세히 소개하고 있다.

PART 2

기도를
제일의 사업으로
삼으라

마틴 루터는 1483년 독일의 아이슬레벤에서 광산업자 한스 루터 (Hans Luther)의 아들로 태어났다. 루터는 아버지의 기대를 저버린 채 1505년에 어느 아우구스티누스 수도사의 집에 묵었다. 당시 이십 대였던 그는 영원한 안식을 찾기 위해 어려움을 겪고 있었다. 벼락이 떨어지는 순간에 했던 서원을 지키기 위해 그는 아우구스티누스 수도원에 입회했다. 갑작스러운 죽음에 대한 공포 때문에 중세시대에 흔히 하던 신앙의 표현대로 "성 안나시여, 나를 도와주시면 수도사가 되겠습니다"라고 외쳤기 때문이다.

진지하고 헌신적인 수도사였던 루터는 처음부터 뛰어난 재능을 갖추고 있다는 것 역시 입증해냈다. 1508년에 그는 비텐베르크에 새로 설립된 대학교에서 도덕철학을 가르치게 되었고, 나중에 공부를 더 하고 난 뒤 1509년부터 성경을 함께 가르치기 시작했다. 1512년에는 박사 학위에 필요한 자격을 취득해서 성경 강의를 전담하는 교수가 되었다.

성경을 가르치는 일은 루터의 신학과 경험에 있어서 무엇보다 중요한 일이었다. 삼십 대 초반에 루터는 바울의 표현처럼 자신의 어떤 공적이나 성인들을 의지하지 않고서 더할 수 없이 자비하신 하나님의 관대하고 헤아릴 수 없는 역사를 통해서 믿음으로 의롭게 되고 하나님의 편에 서게 되었다는 것을 크게 확신하는, 그리스도의 구원을 경험했다.

루터는 요한 테첼(John Tetzel) 같은 면죄부 판매자들의 그릇된 교훈에 수많은 독일 사람이 속아 넘어가는 것을 보고 적잖게 상심했다. 면죄부는 본디 교회가 죄를 고백하고 회개한 이들에게 고해성사가 면제되었다는 의미로 부과하는 것이었다. 어쩌다 보니 돈을 받고 면죄부를 판매하게 되었고, 그 제도는 상업적인 거래의 성격을 갖게 되었다. 공식적인 교리는 여전히 고해성사를 고수했고, 면죄부를 구입하는 것으로는 결코 죄를 용서받을 수 없었다. 하지만 1517년까지 대부분의 사람은 면죄부를 구입하면 심판은 물론 죄책감까지 용서를 보장받을 수 있다고 믿게 되었다.

루터는 비텐베르크 교회 정문에 95개 조 반박문을 붙이면서 이런 중대한 문제를 가지고서 진지하게 토론할 것을 제안했다. 그 일이 일어난 1517년 10월 31일, 만성절 전날 밤은 지금은 전 세계에 널리 알려졌지만 당시에는 그런 행동이 전혀 특별하지 않았다. 그것은 중요한 신학적 토론에 학문하는 동료들을 초대하는 일상적인 방법이었다. 공식적인 토론은 이루어지지 않았지만 루터가 제기한 문제 때문에 가톨릭과 개신교가 분리되었다. 몇 해 지나지 않아서 교황은 루터를 이단으로 선언했고 화해를 기대하지 않게 되었다.

그 뒤로 루터는 비텐베르크 대학교에서 계속 강의하면서 다른 사람들과 함께 독일과 기타 지역에서 개신교식 교회생활을 형성하는 데 주력했다. 루터는 온갖 사건들을 겪으면서도 목사와 신학 교수, 그리고 작가로 활동했다. 그의 광범위한 저술(몇 주 만에 무엇인가 집필해낸)은 새롭게 개발된 인쇄 기술 덕분에 손쉽게 배포되어서 유럽 전역으로 곧장 전달되었다. 이 시기에 루터는 지역 회중의 영적생활에도 관심을 기울이면서 사람들이 어둡고 어려운 시기를 견딜 수 있도록 도움을 주었다. 그의 모든 작품(경우에 따라서는 허락받지 않고 출판되거나, 어떤 경제적 이익도 얻지 못했던)은 이렇게 깊이 있는 목회적 관심을 늘 반영했다.

가령 흑사병이 비텐베르크를 덮쳤을 때 그 지역의 대학교는 예나로 이주했지만 루터는 떠날 생각을 하지 않았다. 동네 병원 안에 잠자리를 마련하고서 무서운 재앙 속에서도 「죽음의 흑사병을 피해서 달아나야 할 것인지에 관하여」라는 저서를 집필했다. 그 책의 핵심적인 내용은 일반적인 상황에서는 가족들을 안전한 장소로 옮기는 것에 민감해야 하지만 그렇다고 해서 누구나 떠날 필요는 없다는 확신을 소개하는 것이었다. 그리스도인에게 있어서 더 시급한 문제는 흑사병을 피해서 도망쳐야 하는지의 여부가 아니라 육체적으로나 영적인 도움을 절대적으로 필요로 하는 이웃을 외면할 권리가 있는지의 여부였다.

이것보다 극적이지는 않았지만 목회와 관련된 다른 저서에도 16세기의 일상적인 삶에서 사람들이 입은 상처들, 즉 억압과 질병과 죽음과 박해를 극복하도록 돕고 싶어 하는 인물의 마음이 담겨 있다. 태아가 잘못되어 슬픔을 겪는 여성들을 격려하려고 집필한 간단한 저서는 애정이 담긴 마음과 목회 기술을 보여주는 한 가지 전형이다. 자녀들과 단란한 가정을 이룬 그였지만 아이를 잃는 고통을 겪기도 했었다. 또 그는 건강이 좋지 않을 때도 있었고, 신앙 때문에 막역한 친구들이 순교하는 지독한 고통에 익숙했다. 그런 사람의 저서에서는 부드러움과 실제적인 관심이 불가피하게 배어 나왔다.

루터는 인생을 마무리하는 순간까지 이런 친절한 목회활동을 계속했다. 루터는 자신의 집이 자리 잡은 지역 출신의 귀족 두 사람이 심각하게 반목하자, 그런 다툼이 인근의 무고한 주민들에게 심각한 영향을 미칠지 모른다고 생각했다. 개인적인 불만에서 비롯된 일이 불행을 겪고 있는 각 지역으로 쉽게 확산될 수도 있었다. 루터는 몸 상태가 몹시 나빴지만 아주 추운 겨울에 아이슬레벤을 방문해서 두 백작을 화해시키는 데 최선을 다했다. 그가 집에 보낸 편지에는 두 사람이 편지로 상대를 자극해서 서로 강한 적대감을 느끼고 있고, 루터가 만족스러운 화해를 조성하려고 힘겹게 노력한 내용이 일부

기록되어 있다. 결국 백작들은 화해했고, 임무를 완수한 루터는 다음 날인 1546년 2월 14일에 세상을 떠났다.

이 개혁자는 일생 동안 목회할 기회를 무수히 가졌고, 조언을 구하는 특별한 요구에는 글로 답변할 때가 잦았다. 1530년대 어느 날, 루터의 머리를 깎아주는 이발사 페터 베스켄도르프가 기도에 관해서 실제적인 충고를 해줄 수 있는지 물었다. 루터는 이발사와 오랫동안 친숙해서 진심으로 돕고 싶었다(루터는 그를 친구라고 불렀다). 그래서 그는 베스켄도르프를 위해 작은 책 한 권을 집필했다. 얼마 되지 않는 분량의 기도 안내서인 「단순한 기도의 방법」은 1535년 봄에 처음으로 출판되었고 첫해에 네 판을 찍었다. 그 책은 유럽 전체의 기독교 가정에 전해졌고, 몇 세기가 지나면서 경건 서적 가운데 고전으로 폭넓게 인정받게 되었다. 이 작은 책에는 목회자로서 루터의 헌신적인 모습이 소개되어 있을 뿐 아니라 16세기의 아주 탁월한 작가의 재능이 드러나 있다.

페터 베스켄도르프는 루터가 맨 처음 그 책을 손에 쥐여주었을 때 감사했을 것이다. 하지만 얼마 지나지 않아서 용서에 대한 확실한 메시지와 용기 있고 거룩한 삶에 대한 거듭된 호소가 한층 더 절실해졌다. 루터의 이발사는 힘든 시기를 겪게 된다. 성격이 급한 베스켄도르프는 사위의 끊임없는 허풍 덕분에 기분이 상했다. 군인이었던 그의 사위 디트리히는 지루할 만큼 자기방어 기술을 늘어놓으면서 자신의 복부 근육이 아주 유연해서 칼로 찔러도 피 한 방울 나지 않는다고 주장했다. 부활절 전날 저녁에 디트리히는 누구든지 자신에게 도전해보라 했고, 결국 장인이 나서게 되었다. 베스켄도르프는 그날 밤 지나치게 술에 취했었던 것으로 보인다. 사위는 그의 칼에 찔려서 몇 시간 만에 숨을 거두었다.

루터와 다른 사람들이 구명에 나섰고, 특수한 상황이 참작되어서 베스켄도르프는 처형을 면했다. 하지만 그는 데사우로 유배를 가서 그곳에서 여생을 보내야 했다. 이 낙천적인 사내의 인생은 하룻밤 만에 바뀌었다. 강제 유배를 엄격히 제한해야 한다고 주장했던 루터의 동료 필립 멜란히톤은 폐인이 된 베스켄도르프에게는 자신의 머리를 제외하면 무엇 하나도 남아 있지 않았다고 말했다. "창밖으로 내밀 수 있는 것은 머리뿐이었다." 낯선 곳에서 지내야 하는 그는 모든 것을 잃었다. 가족, 가정, 재산이 모두 사라졌다. 그는 어두운 시절을 보내면서 특별히 자신을 위해서 그리스도인의 헌신적인 기도의 본질과 가치를 주제로 집필된 이 감동적인 소책자 덕분에 적지 않게 위로받았을 것이다.

이 책은 기도의 형식적인 신학이 아니라 종교개혁자의 매일의 기도 습관을 개인적으로 즐겁게 소개하기 때문에 특별히 관심을 갖게 된다. "사랑하는 벗, 페터에게. 지난번 편지에서 자네가 내게 부탁한 것처럼 개인적으로 기도하는 방법에 관해 내가 아는, 그리고 현재 내가 하는 기도 방법에 관해서 몇 가지 소개하고자 하네. 또한 사랑의 주님이 자네를 비롯한 누구든지 나보다 기도를 더 잘 할 수 있도록 허락해 주시기를 기도한다네! 아멘." 루터는 이 책에서 자신의 경험을 털어놓으면서 모든 그리스도인에게 변함없이 중요한 여러 가지 주제를 설명하고 있다.

지금부터는 루터가 자신의 이발사이자 친구인 베스켄도르프에게 기도에 관해서 설명하고자 쓴 「단순한 기도의 방법」이란 저서를 중심으로 루터의 기도생활을 살펴볼 것이다.

루터는 기도가 언제나 쉬울 수는 없다고 말하면서도 독자들을 위해서는 아주 쉽게 설명하고 있다. 루터는 싫증, 뒤로 미루기, 제한하기, 그리고 반대하기를 기도를 어렵게 만드는 네 가지 문제로 간주했다.

첫째 문제는 싫증이다. 우리는 늘 기도하고 싶은 마음이 들지 않을 수도 있다. 루터는 친구 페터에게 자신이 언제나 기도를 좋아하는 것은 아니라고 말한다. "기도에 대한 열정이 식고 즐거움이 사라진 것 같을 때는… 간단한 시편 모음집을 들고서 급히 내 방으로 들어가…."

기도하기만 하면 더 괜찮은 사람이 될 수 있다는 것을 알면서도 불안의 무게에 짓눌리고, 다른 일에 정신을 뺏길 정도로 인생의 압박을 받을 때가 있다. 루터는 그런 경험에 아주 익숙했다. 그는 정직이 전부였다. 언젠가 가톨릭 당국이 위협을 가해오자 그것을 걱정한 삭소니 지역의 선제후가 일부러 그를 납치해 바르트부르크성에서 은밀하게 보호해준 일이 있었다. 비텐베르크에서 진행하던 일을 어쩔 수 없이 못 하게 된 루터는 건강을 잃었는데, 이때의 우울한 경험을 '밧모섬' 혹은 '나의 광야'라고 불렀다. 그 시기에 그는 거의 기도가 불가능하다고 생각하고서 동료 멜란히톤에게 이런 내용의 편지를 보내기도 했었다.

> "나는 바보처럼 이곳에 앉아서 무료하게 지내며 기도는 거의 못하고 있어. …하나님이 나를 외면하시는 것은 아닌지 자신할 수 없군. …벌써 여드레째 아무것도 쓰지 못하고 있다네. 그렇다고 기도하거나 공부하는 것도 아닌데 말이야. 이런 까닭의 절반은 육신의 유혹 때문이고, 절반은 다른 일로 고민하기 때문이라네."

루터는 이발사 페터의 인생에서 쉽게 기도할 수 없는 시기가 있을 수 있다는 것을 알고서 그런 경험에 대비하도록 돕고 싶어 했다. 우리는 기도를 좋아하든지 싫어하든지 간에 기도에 힘써야 한다. 우리 마음이 갈피를 못 잡거나 철저히 흔들린다고 해서 기도를 그쳐서는 안 된다.

더 심각한 문제는 뒤로 미루는 것이다. 우리는 기도의 중요성을 거리낌 없이 인정하고 더 잘할 수 있다고 생각한다. 하지만 다른 일을 하게 되면 기도는 중요한 문제에서 배제된다. 우리는 기도하는 게 마땅하지만 아직은 때가 아니라는 것이다. 루터는 베스켄도르프에게 기도 시간을 정해놓고 무슨 일이 있어도 매일 하나님과의 약속을 지키는 게 중요하다고 지적한다. "기도로 아침을 시작하고 밤늦게 기도로 끝마치는 것은 좋은 일이다."

이렇게 날마다 해야 하는 중요한 훈련을 간과하게 되면 기도는 하나 마나 한 선택이 되고, 보다 시급한 일이나 과제 때문에 외면될 수 있다. 분주한 생활을 하는 루터는 그 위험을 너무 잘 알고 있었다.

"그릇된 생각에 현혹되지 않게 조심해야 한다네. '잠시만 기다려라. 기도는 잠시 미뤄두고 먼저 닥친 일부터 따져보자.' 이런 식의 생각은 다른 일에 정신을 쏟게 만들어서 기도를 멀리하게 하고 그날의 기도에 전혀 도움이 되지 않는다네."

루터가 찾아낸 또 다른 문제는 기도를 주제로 한 그의 저서에는 자주 등장하지 않는다. 그것은 기도를 하나님의 임재 안에서만 입을 여는 것으로 국한하기, 즉 제한하는 것의 위험이다. 루터는 기도의 본질을 하나님과의 교제로 축소하지 않으면서 우리의 말과 행동으로 기도할 수 있다고 주장한다. 특별히 급할 경우에는 이따금 기도보다 더 중요한 일이 있을 수도 있다. 우리는 루터가 이 모든 내용을 중세시대 전반에 걸쳐서 영적으로 가장 이상적인 상태로 강조된 수도원식 경건의 배경에 반대하면서 집필하고 있다는 사실을 기억해야 한다. 기도나 예배를 위해서 어떤 고립된 수도원으로 물러나는 것을 조금도 거룩하게 생각하지 않았다. 여기서 루터는 "기도만큼 중요하거나 그보다 더 훌륭한 일을 아주 급하게 처리해야 할 수도 있다"라고 주장한다.

주님은 우리가 무슨 일이 이루어지기를 기대하는 것보다는 직접 실행하기를 바라실 때가 있다. 가족 가운데, 혹은 친구나 이웃이 아프면 환자를 위해서 간절히 기도하기 마련이지만 하나님은 기도 그 이상의 일을 하기를 바라신다. 루터는 자기 말을 강조하고 싶었는지 4세기 후반에 베들레헴의 수도원 공동체에서 생활했던 아우구스티누스와 동시대 인물인 제롬(히에로니무스, Jerome)을 인용한다. 그는 초기 기독교학자 가운데 한 사람이다. 누구에게도 기도하는 일을 과소평가하는 말을 하고 싶어 하지 않았던 루터는 제롬의 말을 반복한다. "성도가 하는 것은 무엇이든 기도이다." 루터는 그와 비슷한 당시의 격언까지 인용한다. "성실하게 일하는 사람은 두 번 기도하는 것이다."

하지만 루터는 이것을 사실로 인정하면서도 위험을 간과하지 않았다. 믿음이 없는 사람은 이것을 구실로 삼아서 기도하지 않을 수도 있다. "나는 실제적인 일이 좋으니 기도하는 것은 다른 사람들에게 맡기겠다"는 식이다. 루터는 바른 자세, 동기부여, 그리고 상황을 전제하면 실제로 선한 일 가운데 일부가 기도처럼 보일 수도 있다고 말하면서도 독자들이 기도가 일보다 부차적이라거나 이웃들에게 선행을 베풀면 기도하건 안 하건 간에 문제가 되지 않는다고 생각할까 봐 염려했다. 그는 이렇게 주장한다.

> "그런데 우리는 진정한 기도의 습관을 깨거나, 결국에 가서 무익한 것으로 밝혀지는 다른 일을 꼭 실천해야 할 것처럼 상상하지 않도록 정말 조심해야 한다네. 그렇게 되면 문란하거나 게을러져서 마침내 기도에 대해서 냉랭해지고 관심이 사라지게 된다네."

루터는 기도에 관한 또 다른 문제, 즉 반대하기를 거론한다. 그는 우리가 기도하지 않을 때 사탄이 아주 기뻐한다는 것을 알고 있다. 루터는 기도에 관한 작은 책을 통해 사탄의 끈질기고 악랄한 활동을 소개한다. 종교개혁자는 사탄의 존재나 그의 저항을 조금도 의심하지 않는다. 우리는 그리스도인이 누리는 기도의 특권과 책임감에 관해 나태할 수 있지만, 사탄은 한순간도 쉬지 않고 우리 기도를 가로막는다. "우리를 안에서 괴롭히는 사탄은 게으르거나 부주의하지 않고, 우리의 육신 역시 죄를 저지를 준비가 되어 있을 뿐 아니라 그것을 갈망하고, 기도의 영을 내켜 하지 않는다."

루터가 「단순한 기도의 방법」이라는 작은 책에서 사탄의 행동에 관심을 갖게 된 데는 그럴 만한 이유가 있었다. 언젠가 루터는 머리를 깎으러 페터 베스켄도르프의 가게를 찾아갔다가 자신이 책을 쓸

준비를 하고 있다고 말했다. 베스켄도르프가 사탄의 힘이나 속임수에 관한 책이었으면 좋겠다고 말하자 루터는 그 생각에 관심을 가졌다. 루터는 그런 식의 작업은 위험하다고 슬쩍 그를 떠보았다. 원수가 자신의 활동을 문서로 다루는 것을 내켜 하지 않을 것이기 때문이었다. 며칠 뒤 루터가 페터에게 약간 장난기가 묻어나는 내용의 시를 보냈다.

> 사탄은 성급하고 뻔뻔하기 이를 데 없어서
> 하는 짓이라고는 악하고, 속이고, 교활한 것뿐이니
> 페터님은 눈치 빠르게 행동해서
> 사탄을 골려주려다가
> 덮어쓰는 일이 없으시기를….

이렇게 해서 루터는 현실을 있는 그대로 소개하는 것으로 자신의 책을 시작한다. 기도가 늘 매력적인 일은 될 수 없다는 게 루터의 생각이었다. 사탄은 육신의 욕구를 조종함으로써 점차 하나님을 벗어나서 알지 못하는 사이에 영적 항구를 떠나게 만들려고 갖은 노력을 다한다. 그러면 기도는 더 이상 일차적인 문제가 될 수 없다. 하지만 노련한 목회자 루터는 계속해서 부정적인 문제들을 강조하는 것으로 만족하지 않았다. 그는 신자의 기도가 풍성해질 방법을 설명하는 것으로 곧장 넘어간다.

기도의 목적

루터는 기도에 대한 우리의 자세에서 시작해서 그것을 어떻게 해야 가장 잘 준비할 수 있는지 살펴본다. 루터는 기도가 간구하는 것 이상이라고 강조한다. 삶 속에서 하나님의 실체를 연상시키는 것들 가운데 기도보다 뛰어난 것은 없다. 기도는 그저 하나님의 임재 안에 거하면서 하나님의 위대하심과 그분에 대한 부단한 필요를 새롭게 흡수하는 것이다.

루터는 그리스도인이 성경을 앞에 펼쳐놓고 기도할 때 가장 잘할 수 있다고 확신했다. 그는 좋은 기도는 응답하는 것이라고 생각했다. 성경을 통해 이미 우리에게 말씀하신 하나님께 대답하는 것이 기도이다. 루터가 묵상을 중시하는 것도 바로 이 때문이다. 하나님이 성경의 내용을 통해 주시는 말씀에 조심스럽게 귀를 기울이고 우리 가슴과 생각을 깊숙이 파고들도록 용납하는 것을 연습하는 게 기도다. 말씀의 메시지를 경건하게 묵상하고 지속적으로 그리고 감사하면서 말씀을 반복하고 우리 정신적 틀의 일부가 되게 만들어서 기도하고 싶은 마음이 일어나게 해야 한다.

루터는 성경의 일부를 조용히 암송하면서 기도를 시작하라고 제안한다. 말씀을 서두르지 않고 묵상하면 경건해지고, 감사와 기대하는 마음을 갖게 되어서 하나님의 임재를 향해 서둘러 나아가거나, 비슷한 말을 하고 또 하거나 계속 재촉하는 것을 예방할 수 있다. 묵상은 하나님이 말씀하고 싶어 하시는 생각을 각인시키는데, 그것은 우리가 하나님께 건네는 말보다 더 중요하다. 루터는 자신의 기도하는 습관을 이렇게 소개한다.

"간단한 시편 모음집을 들고서 급히 내 방으로 들어가거나, 혹은 교회에 가서 시간이 허락하는 만큼 조용히 나 자신과 대화를 나눈다네. 그렇지 않으면 주기도문이나 십계명, 사도신경, 그리고 시간적으로 여유가 있으면 예수님의 말씀이나 바울 서신, 그리고 시편 가운데 일부를 어린아이처럼 한마디 한마디 읽어 내려가기도 한다네."

우리는 이렇게 글을 통해 소개된 훈련되고 구조화된 묵상이 루터의 기도생활의 토대를 형성하고 있다는 사실을 확인할 기회를 얻게 되었지만, 여기에서는 하나님이 말씀을 통해 우리에게 계시하실 때 인내하면서 귀를 기울이는 게 그의 기도 방식이라는 것을 지적해 두는 것으로도 충분하다. 십계명에서 사도신경으로 이어지는 글의 구성 역시 훌륭하다.

십계명은 사람들이 순종해야 하는, 하나님이 규정하신 일련의 규범이 아니다. 하나님의 본성을 계시하는 것이다. 그것은 우리가 반드시 실천해야 할 내용이 아닌, 하나님이 좋아하시고 행하신 일을 선언하는 것으로 시작된다. "나는 너를 애굽 땅, 종 되었던 집에서 인도하여 낸 네 하나님 여호와라"(신 5:6).

　루터는 기도 시간을 시작하면서 그 계명을 조용히 암송하며 그 것이 우리를 위해 간직한 위대한 네 가지 진리, 즉 하나님은 누구시 고, 무슨 일을 하셨으며, 우리는 누구고, 그리고 하나님이 우리에게 기대하는 것이 무엇인지 자신에게 일깨운다.

　계명들은 하나님에 관해서 무엇인가를 주장하는 것으로 시작된 다. 그것은 차갑고 법률적인 교훈이 아니라 자기 사람에게 말씀하 시는 하나님의 본성과 성격에 즉각적으로 반응하는 계시이다. "나 는 여호와라"는 표현은 불타는 떨기나무를 통해 모세에게 계시하신 이름을 떠올리게 한다. 모세는 곧 있을 구원에 대해서 듣게 되자 노 예생활을 하는 이스라엘 사람들이 하나님의 이름이 무엇인지 물으 면 어떻게 대답해야 할지 당연히 물었다. 하나님은 이렇게 대답하 셨다. "나는 스스로 있는 자이니라. 또 이르시되 너는 이스라엘 자 손에게 이같이 이르기를 스스로 있는 자가 나를 너희에게 보내셨다 하라"(출 3:14). 그분은 영원히 존재하시고 실패하는 법이 없으시며 전능하신 하나님이시다.

　그래서 루터가 계명을 상기시키면서 동시대 사람들에게 기도를 시작하도록 정중하게 격려할 때 계명이 소개하는 그 하나님을 염두 에 두도록 부탁한다. 그분은 운명을 결정하는 최고의 하나님이시다. 두려워하는 모세와 기죽은 이스라엘 백성만이 아니라 교만한 이집 트인들과 루터, 양심의 고통을 겪고 있는 베스켄도르프와 당신과 나의 운명까지 결정하신다.

아울러 계명은 영원히 통치하시는 하나님이 전능하시다고 계속해서 선언한다. 하나님은 모세에게 말씀만 하시지 않고 자기 백성을 위해서 구원을 실행하실 것이다. 그분은 이스라엘을 이집트의 노예 생활에서 구원하신 그 하나님이시다. 그분만이 유일한 하나님이시고 다른 신들은 없다. 우상 숭배는 생각할 가치조차 없다. 하나님은 여럿 가운데 하나이고 다른 종교와 자유롭게 타협할 수 있다는 식의 신앙생활에 관한 어떤 제안도 이스라엘 백성 사이에 용납하지 않는 질투하시는 하나님이시다. 하나님은 사랑을 베푸시고 그분을 사랑하는 수많은 사람에게 신뢰할 수 있는 계약으로 동정하는 마음을 보여주며 계명을 지키게 하신다.

그분은 구원의 하나님이라서 사람들의 삶이 처한 최악의 상황을 '강력한 손과 팔을 펼쳐서' 벗어나게 하실 수 있다. 자비하신 하나님은 백성들에게 선한 일, 즉 '평안히 갈 수 있는 것', 그리고 그들에게 허락하는 땅에서 '오래 살기'를 바라실 뿐이다. 그분은 살아 계신 하나님이라서 누구도 직접 허락하신 개인의 삶을 뺏을 수 없다. 그분은 고귀하신 하나님이라서 누구도 결혼생활을 해칠 수 없다. 그분은 성실하신 하나님이라서 이웃을 해하는 거짓을 말할 수 없다. 그분은 모르는 게 없는 하나님이라서 탐욕스러운 생각과 물질적이고 욕심을 부리는 사람의 은밀한 생각까지도 지켜보시고 알고 계신다. 열 번째 계명은 계명 전체를 합한 것을 넘어서는 게 존재하고 있음을 빼어나게 보여준다. 모르는 게 없는 하나님이 아니라면 은밀한 탐욕을 누가 확인할 수 있을까?

따라서 십계명 안에는 하나님에 대한 다양한 이미지가 존재한다. 그분이 어떤 분이고 무엇을 행하시는 분인지, 즉 계시와 구속을 소개한다. 그것이 계명의 핵심이다. 하나님의 요구를 간단히 정리하면 이렇다. 사람들은 하나님을 닮아야 한다. 하나님이 생명을 존중하시면 그들 역시 그래야 한다. 하나님이 믿을 만하고 신뢰할 수 있는 관계를 유지하시는 데 사람이 어떻게 다른 것을 추구할 수 있을까? 그분이 거룩하다면 사람 역시 어떤 행동을 하든지 거룩해야 한다.

게다가 루터는 십계명을 조용히 암송했다. 그것은 하나님에 대한 계시일 뿐 아니라 우리 모습이기 때문이다. 여기서 우리는 늘 존재하는 것과 되어 가는 것의 위험을 겪고 있지만 하나님의 은총이 필요한 사람이라는 것을 알게 된다. 우리는 우상을 숭배하고, 쉽게 잊고, 다른 사람이 처한 상황에 무관심하며, 부모를 존경하지 않고, 우리가 싫어하는 사람에게 공격적이고 폭력적이며, 인생에서 가장 친밀한 관계에 충실하지 않고, 욕심부리고, 다른 사람 소유에 탐심을 갖고, 고통을 겪는 이에게까지 당연하다는 듯이 진실하지 않은 말을 하려 하고, 언제나 우리가 지닌 것보다 조금 더 소유하고 싶어 한다.

루터와 칼뱅은 물론이고 영국의 청교도들이 계명에 담긴 하나님의 법을 유리 거울, 즉 하나님이 우리가 헛되게 스스로에게 기대하는 게 아니라 진정한 모습을 보여주려고 만드신 거울이라고 자주 거론한 것도 바로 이 때문이다. 루터는 갈라디아서를 주석하면서 이것을 아주 분명하게 설명했다.

"율법이 마땅히 해야 할 일은 우리 죄를 보여주고, 죄책감을 느끼게 하고, 겸손하게 하고…. 그리고 결국에는 우리에게서 어떤 도움이든지 앗아가는 것이지만… 이런 목적과 함께, 우리가… 모든 선한 것을 누리게 하는 것도 있다."

루터가 개혁주의를 따르는 회중들을 위해 최고의 작품을 편집하면서 계명들을 규정에 따라 운율체로 집필했는데, 계명에 맞추어서 회중이 "주여 우리를 긍휼히 여기소서"라고 대답하는 식이었다. 계명은 우리가 죄인이라는 것을 일깨운다. 믿음을 갖고서 기도에 의지하는 시간은 우리의 자랑을 늘어놓거나 도덕적 가치를 주장하는 것과 거리가 멀다. 우리에게 절실한 것을 떠올리고, 우리 죄가 아무리 크더라도 영광스럽게 용서받을 수 있게 기도를 통해서 하나님께 나아가는 것을 감사하면서 돌아보는 시간이다.

계명은 또한 우리가 하나님의 은총에 힘입어서 무엇을 할 수 있는지를 보여준다. 이런 수준 높은 기준은 행복하고 유용한 삶을 사는 데 필요한 형식과 더불어서 말씀에 복종할 수 있는 능력을 약속하신 하나님이 우리를 위해 마련하신 것이다. 그분은 전적으로 불가능한 일을 우리에게 요구하시지 않는다. 그런 기준이 있다면 무척 당황스러울 것이다. 오히려 우리 내부에 더 나은 삶을 살고 싶은 바람을 불러일으키려고 성경에 포함시킨 것이다. 더구나 하나님이 우리에게 기대하시는 생활방식은 인간 존재의 모든 측면에 걸쳐서 영향을 미칠 수 있다. 계명은 하나님, 가족, 이웃, 고용인, 그리고 우리가 기르는 동물까지 관계가 있어서 역시 한 주에 하루는 안식을 누려야 한다.

따라서 루터가 페터 베스켄도르프에게 자신처럼 계명을 암송하면서 기도를 시작하라고 제안한 것은 훌륭했고, 그것은 우리가 하나님과 교제하는 데도 상당한 도움이 될 수 있다. 그것은 우리가 아무 생각 없이 무례하게 바라는 것에만 관심을 쏟은 채 하나님이 우리를 위해서 해주신 일과 우리에게 바라는 것 — 사랑, 예배, 순종, 거룩함과 섬김 — 을 먼저 생각하지 않고 하나님의 임재를 향해 발걸음을 서두르지 않도록 도와준다.

계속해서 루터는 사도신경을 조용히 암송한다고 말한다. 달리 말하자면 그는 하나님의 임재 속에서 자신의 신앙을 감사하면서 확증하고 자신이 다가가고 있는 하나님에 대한 확신을 선언하는 것이다. 루터는 책을 마무리하면서 사도신경에 관한 묵상에 대해 할 말이 더 있었지만 우리는 그가 기도를 시작하면서 성부, 성자, 그리고 성령이라는 삼위일체의 성격과 존재를 통해 하나님의 위대하심과 영광을 성찰했다는 것에만 주목한다. 영원하고 늘 영광된 하나님의 무제한적인 자원이 여기에 존재한다.

세상을 창조하신 하나님은 분명히 무엇이든지 하실 수 있다. 구속하신 그리스도께서 당연히 자기 사람들을 계속 사랑하시지 않겠는가? 성령이 교훈과 확신과 사귐과 능력의 사역을 신뢰해온 사람들의 모든 삶을 풍요롭게 만들 수 있는 충분한 자원을 당연히 가지고 계시지 않겠는가? 이것이 바로 루터가 그 무엇을 간구하기 훨씬 전부터 그의 마음을 가득 채운 생각이었다.

기도의 본질

루터는 일단 마음이 가닥을 잡으면 기도하는 사람은 개인적으로 하나님과 대화를 나누어야 하고, 남들이 써놓은 진부한 글을 반복하면 안 된다고 말한다. 하지만 그는 베스켄도르프에게 할 수 있는 도움을 모두 주고 싶어서 기도문이 아니라 기도를 시작할 수 있도록 한 가지 본보기를 소개한다.

"십계명이나 그리스도의 말씀을 암송하다가 마음이 뜨거워지거나 그런 내용에 마음이 이끌리면 손을 모은 채 무릎 꿇거나 서서 하늘을 바라보고, 가능하면 다음과 같이 간단하게 말하거나 생각해야 한다네."

"하늘에 계신 아버지, 사랑의 하나님이시여! 저는 보잘것없는 죄인입니다. 저는 하나님을 올려다보거나 손을 모을 수 있는 자격이 없습니다. 그런데도 하나님이 우리 모두에게 기도하라고 말씀하시고, 귀를 기울이겠다 약속하시고, 사랑스러운 아들 예수 그리스도를 통해 어떻게 기도하고 무엇을 해야 할지 가르쳐 주셨으니, 하나님의 자비하신 언약을 의지하고 하나님 말씀에 순종하며 나아갑니다. 저는 모든 성도와 더불어 나의 주 예수 그리스도의 이름으로 그분이 가르쳐주신 기도("하늘에 계신 우리 아버지여…")를 조금도 어긋남 없이 따라 합니다."

이렇게 기도의 시작을 소개하는 것은 경우에 따라서 선택할 수 있는 본보기이다. 종교개혁자는 몇 개의 간단한 문장을 가지고서 강력한 교리적 확신을 훌륭하게 압축했다. 하나님의 아버지 되심, 죄의 진실, 개인적인 고백의 필요성, 그리스도의 교훈, 순종과 불순종의 중요성, 은총의 언약, 그리스도의 비길 데 없는 이름의 능력과 도처에 있는 믿는 이들과 함께 나누는 교제가 그것들이다.

루터는 친구가 기도할 때마다 결코 변함없는 기독교 신앙과 경험에 대한 확신을 선언한다는 사실을 일깨워주고 싶었다. 기독교인의 기도 가운데 일부는 안타깝게도 이 수준에 도달하지 못하는 위험에 처해 있다. 몹시 주관적이고 수시로 돌변하는 개인의 감정 기준을 영원히 벗어나지 못할 수 있다. 루터는 기도할 때 종잡을 수 없는 감정이 아니라 기독교 교리의 객관적인 진리를 따르고 싶었다. 감정이 바뀌거나 상황이 달라질 수 있지만 진리는 변함이 없어서 기도할 때 무엇보다 중요하게 간주하였다.

기도의 형태

　　　　　루터는 우리 기도가 일부 중요한 성경 구절을 체계적으로 차분히 묵상하는 형태를 취하는 게 중요한데, 그때는 주님이 제자들에게 가르쳐주신 기도가 더 낫다고 제안한다. 그는 주님의 기도를 일곱 가지로 구분하고, 자신의 친구에게 그 기도에 포함된 각각의 간구가 우리 기도에 얼마나 훌륭한 기초로 활용될 수 있는지 보여준다. 이렇게 해서 루터는 중요한 문제를 거르지 않고 기도한다는 것을 확실하게 해두려고 날마다 하는 기도를 독특하게 구조화한다. 그리고 기도하는 순간에는 개인적인 것이나 가정, 교구, 혹은 긴급하지 않은 문제들을 모두 배제한다.

　루터는 제목에 따라서 기도의 몇 가지 모범을 이발사 친구에게 제시한다. 그렇다고 해서 내용을 그대로 베껴도 좋다고 말하지는 않았다. "그렇게 하면 한가하게 수다를 떨고 무익하게 내뱉는 것이나, 평신도와 목회자가 기도 책의 문장을 그대로 읽어대는 것과 다르지 않다네." 그는 각자의 기도가 하나님께 거침없이 사랑을 쏟아내고 매일 신뢰하고 있음을 알리는 표현이 되기를 갈망한다. 그의 목적은 베스켄도르프에게 다른 누군가의 기도를 한 아름 안겨주고서 따라 하도록 만드는 게 아니었다.

"그보다는 자네가 주님의 기도를 제대로 이해하도록 안내하고 싶었네. 그렇게 해서 마음이 뜨거워져 기도하고자 하는 열정을 갖게 된다면 여러 가지 방법을 활용하거나 말을 많고 적게 하는 식으로 그런 생각들을 표현할 수도 있을 것일세."

루터는 일곱 가지 내용으로 이루어진 주님의 기도를 노예처럼 반복하지는 않는다고 분명하게 밝힌다. 주님의 기도를 노예처럼 하는 것은 기계적으로 반복하는 의식처럼 아무 생각 없이 암송하는 것이다. 어느 때는 한 가지 내용에 큰 감동을 받아서 줄곧 그것을 벗어나지 않은 채 교훈을 받은 대로 그날의 기도 형식을 결정하기도 한다.

"어쩌다가 한 가지 간구와 관련된 갖가지 생각에 휩쓸리다 보면 다른 여섯 가지 간구를 무시할 수도 있다네. 괜찮은 생각들이 쏟아지면 나머지 간구를 미뤄둔 채 그런 생각에 필요한 여유를 갖고 침묵하면서 귀를 기울이되 무슨 일이 있더라도 가로막아서는 안 되네."

이 중요한 단서를 염두에 두면 루터가 하루도 거르지 않고 주님과 대화하기 위해 일곱 가지 내용으로 구성된 주님의 기도를 어떻게 활용했는지 확인할 수 있다.

하나님의 특별하심을 존경하라

루터가 "우리 아버지여 이름이 거룩히 여김을 받으시오며"라는 첫 번째 간구로 시작하는 기도의 도입부는 그가 속한 시대의 절박한 상황이 반영되어 있다. 개신교 신자들은 박해받는 소수였다. 따라서 하나님의 영광에 관심을 가진 루터는 유럽 각 지역에서 하나님의 이름을 존경하지 않는 이들을 당연히 비판적으로 바라보았다. 하나님이 "증오, 우상 숭배, 이교도, 교황, 그리고 온갖 거짓 교사들과 하나님의 이름을 잘못 사용하고 망령되이 부르고 한껏 모욕하는 광신자들을 근절시켜 달라"는 그의 기도는 관용의 시대에는 엄격해 보이고, 때로는 도움이 되지 않는 위협처럼 보일 수도 있다. 루터가 주님의 기도 가운데 첫 대목을 활용한 것은 루터의 기도가 적절하고 열정적이며 현실적이었다는 것을 보여준다.

첫째, 루터의 기도는 적절하고 요즘의 상황과 밀접한 관련이 있다. 그는 기도할 때 일상생활의 압력을 무시하는 외딴섬으로 물러서

지 않았다. 오히려 지상의 나라들을 다스리시는 주권을 가진 하나님의 임재 안에 세상이 머물러야 할 필요성을 제기한다. 그에게 있어서 하나님의 백성을 박해하는 것은 두려운 일이었다. 그가 여기서 "가증스럽게 불쌍한 영혼들을 유혹하려고 사탄의 책략과 속임수를 활용… 하거나 무고한 피를 적잖이 흘리게 하고 박해"하는 사람들의 그릇된 행동에 대해서 기도한다고 해서 타협을 무시하고 독설을 퍼붓는 것은 아니다.

루터는 고난의 문제를 이론적으로 검토하지 않는다. 그의 동료 가운데는 신앙 때문에 죽임을 당한 이도 있다. 그가 「단순한 기도의 방법」을 집필하기 불과 몇 해 전에 친구이며 목회자였던 레온하르트 카이저(Leonhard Kaiser)가 바바리아에서 산 채로 화형을 당했다. 게오르크 빙클러(George Winkler) 역시 쾰른에서 살해되었다.

이렇게 동료들을 잃어버릴 무렵에 루터는 신장결석을 앓았는데, 어느 때는 생명이 위험할 정도로 고통이 심했다. 흑사병이 비텐베르크에까지 도달했을 때 아들 한스의 건강이 크게 악화되었다. 악의 세력이 총공세를 취하는 것 같았다. 그가 유명한 찬송가 〈내 주는 강한 성이요〉를 작곡한 게 그 당시(1527년)였다. 거기에 담긴 확고하고 강력한 믿음은 시적인 과장이 아니었다. 루터는 변함없는 하나님의 보호를 받았다.

친척과 재물과 명예와 생명을 다 빼앗긴대도

진리는 살아서 그 나라 영원하리라.

이교도나 교황에 대한 루터의 발언이 다소 과하다는 생각이 든다면 이와 같은 사례를 반드시 고려할 필요가 있다. 당시는 아주 심각한 시기였다.

루터는 주님을 바라보면서 공동체를 염려하는 마음으로 기도했다. 그것은 우리의 기도가 절대적으로 요구되는 적대적이고 불신하는 세계에서 삶과 씨름하는 상황적 기도이다. 우리는 현대 세계의 거대한 흐름에 초점을 맞추기보다 범위를 좁혀서 우리 자신의 사소한 존재에 집중하는 게 아닌지 질문을 제기해야 한다. 민족이나 국제적으로 빚어지는 비극적인 상황은 애정 있고 지적인 중보자를 절대적으로 필요로 한다. 오늘날 계속 이름이 오르내리는 일부 영향력 있는 지도자들은 자신을 위해서 기도하는 사람이 전혀 없을 수도 있다. 기도하는 사람은 그냥 지나치면 안 된다.

둘째, 루터의 기도는 그리스도의 영광에 대한 뜨거운 관심을 반영하고 있다. 첫 번째 간구에 대한 이런 언급은 그리스도의 유일성에 전적으로 헌신한 사내의 심경이 드러나 있다. 당시 수많은 신앙인이 예배 시간에 그리스도의 이름을 불렀지만 그들의 마음은 거리가 멀었다. 그들은 구원의 이름을 그릇되게 사용했다. 구원을 얻으려고 자기 공적을 의지하거나, 적당하게 값을 치르고서 천상의 투자로 돌려받기 위해 성인들의 공적을 과도하게 의지했다.

우리가 이런 문제들을 16세기의 부적절한 논쟁으로 치부하고 싶은 마음이 든다면 오늘날 수많은 사람이 유일하신 그리스도를 외면한 채 구원을 얻으려고 다양한 방법을 활용해서 노력하고 있다는 사실을 명심해야 한다. 그들은 선행이나 도덕적 행동, 종교의식이나 교회에 대한 충성을 통해 구원을 이룩할 수 있다는 소망을 높이 평가한다. 말로는 표현하지 않더라도 스스로 구원하고 싶어 하는 사람이 세계 도처에 자리 잡고 있다. 처음에 루터가 타협하지 않은 채 단순하고 확실하게 발언한 메시지는 오늘날에도 적합하다.

> "우리가 칭의의 교리라고 부르는 이 견고한 바위는… 우리가 죄, 죽음, 그리고 사탄으로부터 구속받았고, 우리 자신이 아니라(그리고 분명히 우리 공적 때문이 아니라) 다른 존재, 즉 하나님의 독생자 예수 그리스도에 의해서 영생의 참여자가 되었다는 것을 가리킨다."

셋째, 루터의 기도는 현실적이다. 그는 일부 사람들이 그리스도와 무관하게 구원에 이르는 또 다른 길이 존재한다고 열심히 주장하는 이질적인 상황에서 살았다. 그가 이교도를 언급한 것은 16세기 이슬람교의 군사적 행동을 의식한 것이지만, 동시에 그것은 20세기 후반에 격화된 이슬람 근본주의의 공세와 서구 문화 내부의 다원주의를 연상시킨다. 다양한 신앙을 위한 여러 가지 종교의식의 진행은

1세기의 다원적인 환경에서도 사도들이 주 예수에 대한 확신을 공유하던 신약 성경의 타협을 모르는 메시지, 즉 "나로 말미암지 않고는 아버지께로 올 자가 없느니라"(요 14:6)로부터 비극적으로 이탈하는 것이다.

그처럼 선명하게 뒤따르는 그리스도인은 교회 최초의 전도자가 소유했던 확신에 참여하게 된다. 그는 그리스도의 유일하심을 강하게 거부하는 적대적인 청중을 마주하면서도 흔들리지 않고 자신의 확신을 선언했다. "다른 이로써는 구원을 받을 수 없나니 천하 사람 중에 구원을 받을 만한 다른 이름을 우리에게 주신 일이 없음이라"(행 4:12).

오늘날 하나님의 이름을 영화롭게 하기 위해서는 구원에 이르는 길이 여럿이라고 주장하는 종교 다원주의가 하나의 선택이 될 수 없음을 즉시 인정해야 한다. 종교의 자유는 당연히 존중되어야 한다. 그렇지 않으면 루터의 동료를 살해하거나 요즘보다 더 교묘하게 박해하는 자들과 동일한 취급을 받을 수 있다. 사람들은 제약을 받지 않고서 종교적 취향을 결정하고 표현할 수 있는 자유를 누려야 한다. 그렇다고 해서 우리의 예배 대상이 누구든지 관계없다거나 모든 종교가 천국을 보장한다는 것은 아니다. 루터는 그것을 이렇게 설명한다. "하나님이 주님이신 그리스도를 찾지 않는 이들은 그분을 만나지 못할 것이다."

루터가 하나님의 이름이 거룩히 여김을 받는 것을 기도하듯 성찰하는 것은 이웃과 동시대 사람들에게 애정 어린 복음적 관심을 표명한 것이다. 그는 이런 기도의 도입부를 변경해서 지금 하나님의 이름을 거룩히 여기지 않는 이들에게는 복음을 전해도 돌아서지 않을 것이라고 하나님께 호소한다. 그는 자신들을 위해 기도하지 않는 이들을 위해서 주님께 호소한다. "사랑의 주 하나님, 그들을 변화시키시고 막아주소서. 변화되어야 할 사람들을 변화시키셔서… 하나님의 거룩한 이름을 그릇되게 사용하고 더럽히고 영광을 가리거나 불쌍한 이들을 잘못 인도하는 일을 그칠 수 있도록, 변화되고 싶어 하지 않는 이들을 막아주소서."

루터는 우리가 기도할 때마다 하나님을 진정으로 기쁘게 하는 유일한 방법, 즉 하나님의 아들을 인생의 유일한 구세주로 인정함으로써 영광을 돌려야 하는데 그러지 못하는 이들, 아직 그리스도를 만나지 못한 이들을 특별히 염두에 두어야 한다는 사실을 상기시킨다. 루터는 영혼에 대한 열정을 순수한 그리스도인의 두드러진 특징 가운데 하나로 간주한다. 그리스도의 생명수를 제아무리 많이 마시더라도 다른 사람의 구원에 대해서 갈증을 느껴야 한다.

루터의 친구였던 젊은 귀족 하르무트 폰 크론베르크(Harmut von Cronberg)는 핵심적인 사람들과 교류하면서 복음을 전하며 관심을 표명하기도 했었다. 이렇게 조심스럽게 시작한 일이 결국에는 용기를 내서 소책자를 출판하는 일에 나서게 했다. 그는 출판에 앞서 루터에게 소책자 한 권(「탁발수도회에 보내는 편지」)을 보냈다.

루터는 회신을 보내면서 개인 전도는 그리스도에 대한 부채를 의무적으로 알리는 것이라고 지적했다.

"하나님의 이름을 진심으로 받아들이는 사람이 드물고, 다수가 거침없이 박해한다네. …그렇지만 이 고귀한 이름은 절실한 굶주림과 그 무엇으로도 채울 수 없는 갈증을 유발하기 마련이지. 수많은 사람이 그 이름을 믿고 있지만 우리는 그 누구도 그것을 갈급해 하지 않기를 지금도 바라고 있다네. 그런 갈증은 휴식을 모른 채 영원히 계속되고 우리로 하여금 입을 열어서 말하도록 만든다네."

언제나 현실적이었던 루터는 복음을 전하고자 하는 이런 갈망은 반대에 직면할 게 분명하다는 것을 폰 크론베르크에게 주지시킨다.

"자네 역시 형제들을 구원하고자 하는 갈망이 있을 것일세. 그것은 신앙이 순수하다는 확실한 표지이지. 여전히 자네를 기다리는 것은 괴로움, 즉 자네의 간절한 발언에 대한 비방, 수치, 그리고 박해뿐이라네."

그리스도의 메시지를 다른 사람에게 소개하는 이들은 그 말을 들을 뿐 아니라 눈으로 확인할 수 있어야 한다는 것을 잘 안다. 우리 모습이 우리가 하는 말을 제대로 전할 수 있다. 루터는 이발사 베스 켄도르프에게 '선하고 거룩한 삶'과 일치하지 않는 '참되고 순수한 가르침'을 떠들어대는 위선으로부터 영원히 구원받을 수 있게 기도 하도록 일깨운다.

하나님의 나라를 섬기라

루터는 "나라가 임하시오며"라는 간구를 묵상하다가 그리스도의 말씀을 그 당시에 박해받던 그리스도의 교회와 연결한 다. 일부는 하나님이 허락하신 권위를 남용하면서 "세상을 다스리고… 섬기도록 허락하신 권세, 능력, 재물, 그리고 영광을 하나님 나라와 맞서겠다는 헛된 생각에" 거침없이 이용한다.

그 기도는 하나님의 선물이 크게 잘못 사용될 수 있다는 사실을 일깨운다. 루터는 교회와 국가에서 리더십을 책임지도록 위임받은 일부 사람이 국민들을 다스리듯 하나님을 영화롭게 하지 않는 것을 가슴 아파했다.

"그들은 약하고 멸시받는, 그리고 몇 안 되는 하나님 나라의 작은 무리를 괴롭히고 훼방합니다. 하나님께 속한 무리를 용납하지 못할뿐더러 그들을 괴롭히는 일을 대단히 거룩한 예배로 간주하기도 합니다."

루터는 동시대 사람들, 특히 하나님의 백성을 거침없이 박해하기로 마음먹은 사람들의 회심을 다시 한번 호소한다. 그렇지 않을 경우에는 적어도 그리스도께로 돌아서지 않으려고 하는 이들을 전능하시고 자비하신 하나님이 제지해 달라고 호소한다. 격렬한 박해가 빚어지고 있는 것은 분명했다. 루터는 특히 목회자들에게는 불가피하게 고난이 닥칠 수밖에 없다는 것을 알고 있었다. 루터는 95개 조항을 붙이고 나서 몇 개월이 지난 뒤에 동료였던 벤체슬라우스 링크(Wenzeslaus Link)에게 보내는 편지에서 이렇게 말했다.

"나는 복음을 전하고 싶어 하는 사람은 누구든지 과거의 사도들처럼 모든 것을 단념하고, 언제라도 가리지 않고 죽을 각오를 하는 게 마땅하다고, 그리스도께서 세상이 만들어질 때부터 말씀하셨다는 것을 잘 알고 있다네."

고난을 겪는 이들은 주님과 1세기 당시의 사도들을 뒤따르는 것이다. "복음은 죽음으로 값을 치렀고, 죽음으로 널리 전해졌으며, 죽음으로 보호되었다. …마찬가지로 그것을 보존하고 회복하기 위해서는 많은 죽음이 요구된다."

하나님 뜻에 순종하라

또다시 루터는 복음을 반대하는 이들을 중재해야 하는 어려운 처지에 놓이게 된다.

"하나님의 선한 뜻을 인정하지 않는 이들을 변화시키서서 그들과 우리가, 그리고 우리와 그들이 하나님의 뜻을 위해 살아가고, 하나님을 위해서 어떤 불의와 십자가와 어려움이든지 간에 기쁘고 끈기 있게 감당해서 주님의 인자하고 자비롭고 완전한 뜻을 인정하고 살펴보고 맛볼 수 있게 하소서."

루터는 하나님의 뜻이 자신이 생존하는 동안에 이루어지기를 기도하면서도 남녀가 그리스도 안에서 신앙을 갖는 것은 하나님의 목적과 무관하지 않다고 생각한다. 그뿐만 아니라 그는 하나님의 은총을 제한하려고 하지 않는다. 그는 다소의 사울처럼 박해자들이 구속자 쪽으로 돌아서도록 기도한다.

계속해서 루터는 하나님의 뜻을 따르고 싶어 하는 이들의 경우에는 고난의 길을 피할 수 없다는 확신을 소개한다. 헌신한 신자에게는 불행이 선택사항이 될 수 없다. 우리가 그리스도에게 끝까지 진실하고자 한다면 언젠가는 그 값을 치르게 된다. 그리스도와 하나가 되고자 한다면 반박을 피할 수 없다. 루터는 헌신적인 친구 폰 크론베르크에게 아주 분명하게 말했다. "그리스도께서 있는 곳은 어디든지 유다, 빌라도, 헤롯, 가야바와 안나스가 그처럼 불가피하게 그분의 십자가가 될 수밖에 없다."

하나님의 공급하심을 인정하라

루터는 일용할 양식에 대한 간구에 도달하자 물질적인 먹을거리와 물리적인 공급이라는 문제를 넘어서서 인간이 존재하는 데 있어서 생명을 유지시키는 모든 차원을 포함하는 쪽으로 적용 범위를 확대한다. 그는 이 간구를 통해 다른 사람들을 보호하는 이들을 위해 기도하면서 하나님이 "모든 국왕과 지도자들에게… 평온하고 정의롭게 자신들의 영토와 백성을 보존할 수 있게 해달라"고 간구한다. 그는 단순히 군주들이 아니라 사람들을 위해 군주의 모든 신하가 "충성스럽게 순종하는 자세로 섬기도록 그들에게 은총을 허락해달라"고 기도하면서 "도시에 살든지 시골에 살든지 간에 누구나 부지런하고 서로를 사랑하고 성실하게 대하게 허락해달라"는 것까지 기도의 내용에 포함한다. 루터는 거룩한 공동체가 엄청난 축복을 누리고 있다는 것을 알고 있었고, 그래서 자신이 제시하는 매일의 기도 모범에 정치와 사회적인 문제를 포함시켰다.

요즘 영국 사회는 케어(CARE : Christian Action, Research

and Education)의 봉사자와 다른 단체들이 국가의 복지에 관심을 갖고서 우리를 돕기 위해 하루도 거르지 않고 탁월한 자료를 제공한다. 그들은 의회의 구성원과 가족들을 위해 지혜롭게 기도하고, 사회에 걱정스러울 정도로 급속히 번지는 폭력을 평화의 하나님과 함께 중재하고, 정부와 경찰 업무를 담당하는 지도자들, 그리고 어떻게 해야 폭력 범죄의 빈도를 줄일 수 있는지 분명하게 파악하지 못하는 지역 사회의 지도자들을 위해 기도하도록 격려한다. 그들은 정부와 방송 책임자들에게 잡지나 비디오, 게임과 영화, 그리고 텔레비전 프로그램 가운데 폭력적이고 도덕적으로 수준 낮은 내용을 축소하도록 적절한 조처를 하도록 설득하려고 노력하는 이들을 위해 기도하도록 우리를 초대한다.

우리는 교육정책을 수립하는 것과 교사로서 봉사하는 이들을 위해 진리의 하나님께 기도해야 한다. 그들 가운데 상당수가 심각한 문제를 겪고 있으면서도 성장 과정에 있는 많은 어린이를 지도하는 일을 맡고 있기 때문이다. 우리는 안락사를 합법적으로 허용하려고 입법을 추진하려는 이들에 관해 생명을 허락하시는 창조주에게 간구하지 않으면 안 된다. 우리는 사랑이 많으신 하나님과 함께 집이 없는 수많은 사람을 위해, 그리고 그들을 구조하고 도움을 베푸는 헌신적인 사람들을 위해 중재에 나서야 한다. 우리는 아동 학대, 성적 관용, 인간의 생명과 관계된 의료윤리의 복잡한 문제들, 낙태 문제 등에 관해서 언제나 우리를 보살피시는 하나님께 간구해야 한다.

루터가 만일 오늘날의 문화를 경험했다면 이런 것들을 매일의 기도 제목 가운데 전면에 배치하고서 외면하지 않았을 것이다.

주님의 기도에 포함된 간구 때문에 영감을 받은 루터는 자기 가족을 위해서도 기도한다.

"주님에게 내 집과 재산, 아내와 자녀를 맡깁니다. 그들과 잘 지내게 해주시고, 그리스도인으로서 살아갈 수 있도록 도와주고 가르치게 하소서."

그는 사랑스러운 남편이자 훌륭한 아버지였다. 또한 기독교 가정이라는 축복을 소중히 여기던 가정적인 인물이었다. 가정생활에는 음식을 마련하는 데 필요한 돈을 넉넉히 벌어들이고, 함께 휴식을 취하기 위해서 시간을 배분하는 것 그 이상이 존재한다고 생각했다. 그는 아내 카타리나와 사랑스러운 자녀들과 더불어서 규칙적으로 기도하는 것을 중요하게 여겼다. 그의 간구는 배우자와 자녀를 위한 중보기도의 중요성을 깨우쳐준다. 홀로 지내는 사람들이라면 자신이 아는 가족들(특히 가정이 파괴될 위험에 처해 있는)을 위해서 기도하고, 오늘날의 세계에서 싱글로 사는 그리스도인을 찾아가서 헌신적인 아버지와 어머니를 경험해보지 못한 그들에게 '믿음의 부모'가 될 기회를 놓치고 싶지 않을 것이다.

하나님은 모든 필요를 채울 정도로 한없이 공급하신다. 사랑을 베풀 기회를 놓치고 싶어 하지 않는 이들이라면 지혜롭게, 그리고 확신을 갖고서 하나님을 찾아가야 한다. 전능하시고 자비하신 하나님이 사회의 온갖 문제를 완벽하게 해결할 수 있다는 믿음을 가져야 한다.

하나님의 용서를 받아들이라

루터는 "우리 죄를 사하여 주시옵고"라는 다섯 번째 간구를 다루면서 개인적인 용서의 필요성과 우리를 해코지할 수 있는 사람들에게 용서의 마음을 유지하는 것의 중요성을 강조했다. 그는 영적으로나 육체적으로나 말로 표현할 수 없을 만큼 베푸신 선하심에 감사하지 않은 죄를 고백했다. 아울러 우리가 죄를 범하고, 하나님의 마음을 아프게 해놓고도 의식하지 못했던 순간들 역시 용서받아야 한다고 지적한다. "나를 숨은 허물에서 벗어나게 하소서"(시 19:12). 루터는 용서를 돈으로 구입하거나 획득하거나 공적으로 얻을 수 없다고 강조하면서, 하나님이 우리가 얼마나 선하고 악한지 살피지 마시고, 오직 그리스도 안에서 우리에게 허락하신 한없는 자비하심으로 살펴달라고 간구한다.

루터는 더 나아가서 우리가 어떤 해를 입는다 하더라도 누구에게도 악한 감정을 갖지 않는 것이 영적 성장에 얼마나 도움이 되는지 알고 있었다.

"우리를 괴롭히고 잘못한 이들을 진심으로 용서하오니 그들을 용서하소서. 그들의 잘못은 하나님의 화를 자초해서 스스로 더할 수 없는 해를 입히고 있습니다. 그들이 멸망하더라도 우리에게는 도움이 되지 않습니다. 오히려 우리와 더불어서 구원받기를 더욱더 기대합니다."

루터는 예민한 목회적 감수성 덕분에 다른 사람의 범죄에 의해서 상처를 입은 사람은 그들을 용서할 수 없다고 생각한다는 사실을 알고 있었다. 이런 경우에 그는 용서하지 못하는 이들에게 하나님의 사랑이 넘쳐흐르는 기적이 일어나서 어떤 식으로든지 자기 삶을 성가시게 하고 해를 끼친 사람들을 용서할 수 있는 은총을 구하는 기도를 하도록 재촉했다. 여기서 그는 우리에게 죄를 범한 이들을 용서해야 하는 이런 간단하지 않은 주제가 설교와 관계가 있는 문제라는 메모를 설교자들을 위해서 추가했다.

하나님의 능력을 주장하라

"우리를 시험에 들게 하지 마시옵고"라는 간구를 설명하면서 루터는 기도하는 신자의 대표적인 원수인 사탄을 다시 거론한다. 그는 이 부분을 묵상하면서 그리스도인이 전적으로 헌신하지 못하게 만드는 두려운 사탄이 세 가지의 장치를 활용한다고 말한다. 첫째, 사탄은 마치 모든 것을 얻은 양 만들어서 나태한 자기만족에 빠지도록 조장한다. 둘째, 사탄은 우리의 대표적인 소유인 소중한 하나님 말씀을 앗아간다. 그리고 끝으로 셋째, 신자들 사이에 다툼과 파벌을 형성하도록 만든다.

루터는 말씀에 부지런히 관심을 갖고 부단히 성령님을 의지할 때에만 사탄을 물리칠 수 있다고 생각했다. 그는 이 소박한 기도 안에 원수의 활동과 전혀 상반된 성령님의 왕성한 역사를 정교하게 배치했다. 삶 속에서 활동하는 사탄 때문에 좌절하는 그리스도인들은 무관심하고, 나태하고, 늘어지지 않도록 말씀을 따르고 의식하며 갈망하고 게으르지 않기 위해서 루터와 함께 기도한다.

그는 그리스도인들에게 있어서 최악의 상황은 영적인 생활을 하면서 할 수 있는 모든 것을 성취했다고 상상하는 것이라고 말한다. 모든 신자는 조심스럽게 영적으로 기대하면서 길을 재촉해야 한다. 계속되는 도전에 응답하고 새로운 기회를 놓치면 안 된다. 최악의 상황은 어떤 식으로든지 우리가 목적지에 도달했다고 생각하는 것이다. 루터는 클레르보의 베르나르(Bernard of Clairvaux)가 보여준 본보기를 몹시 존경했다. 그는 "진보하기를 포기할 때부터 선해지는 것은 불가능하다"라는 베르나르의 말을 특히 좋아했다. 루터가 이해하는 그리스도인의 삶은 역동적이다. 신자는 계속 움직여야 한다. 활기차게 길을 가지 않는 이들은 서서히 뒤처진다. 루터는 그리스도인은 누구든지 "하나님의 방식대로 앞으로 나아가지 않으면 뒤로 돌아서게 된다"고 주장했다.

루터는 훌륭한 그리스도인을 양육하려고 일평생 노력했다. 하나님은 탁월한 조각가처럼 작업을 처음 시작할 때부터 형태가 드러나지 않았거나, 심지어 가망성이 전혀 없는 소재를 대하더라도 무엇을 제작할 것인지 마음의 눈으로 확인하실 수 있다. 루터를 뛰어나게 해석하는 어느 학자는 이렇게 설명한다. "위대한 예술가가 다듬어지지 않은 대리석에서 완성된 조각상을 바라보듯이 하나님은 직접 의롭게 만드신 죄인 안에서 그를 가지고 만드실 의인을 이미 바라보신다."

이처럼 지극한 정성이 요구되는 작업은 일평생 지속되기 때문에 그저 그런 그리스도인의 삶에 만족해서 정착하는 것은 최악의 상황이다. 주님은 우리가 더 높고, 더 괜찮은 수준으로 전진하도록 계속해서 부추기신다. 사탄은 잠과 자기도취에 빠지게 만든다. 은총 속에서 성장하고 싶어 하는 그리스도인들은 하나님의 은총을 즉시 완벽하게 경험하게 된다. 그들은 찬송가의 가사처럼 하나님을 찬양한다. "아직 경험하지 못한 온갖 은총을 허락하신 하나님께 영광을 돌립니다."

보잘것없는 우리의 자원만 의지하게 되면 진전은 불가능하다. 신자들은 말씀의 능력과 성령의 역사를 전적으로 의지한다. 하나님의 말씀은 우리를 가르치고 바로잡고 격려하고 영감을 불어넣는다.

하나님의 영은 사탄과 다투는 우리에게 능력을 허락하시고, 당당하게 사탄과 맞서고 승리를 거둘 수 있도록 지혜와 능력을 베푸신다.

우리가 시험을 이겨내기 위해서는 지혜와 능력이라는 두 개의 자질을 반드시 갖춰야 한다. 지혜는 성령님이 주신 기록된 말씀을 통해서 전달된다. "오직 성령의 감동하심을 받은 사람들이 하나님께 받아 말한 것"(벧후 1:21)이기 때문이다. 그 말씀 때문에 지혜롭게 된 우리는 바른 게 무엇인지 알게 되고, 성령님은 바른 것을 실천할 수 있는 도덕적 활력을 보장하신다.

하나님의 도움을 구하라

일곱 번째 간구인 "다만 악에서 구하시옵소서"를 통해 루터는 그 시대의 위험, 불확실함, 그리고 원한과 불신을 성찰한다. 당시는 삶이 벅찼고, 위험한 유혹이 많았다. 대부분의 사람에게 인생은 괴로움과 재앙이었다. 하나님 말씀에 충성하기 위해 더할 수 없는 값을 치른 것은 앞에서 소개한 두 명의 순교자들만이 아니었다.

1520년에 루터의 교훈을 비난하는 교황의 교서 「주여, 일어나소서」가 내려진 직후에 처형이 진행되기 시작했다. 교서에는 2개월 안에 철회하지 않으면 정죄될 것이라는 내용이 담겨 있었다. 1523년 여름, 종교개혁자의 메시지를 듣고 변화된 두 명의 수도사들이 브뤼

셀에서 화형에 처해졌다. 이듬해 루터는 자신의 동료 게오르그 스팔라틴(George Spalatin)에게 비엔나의 상인이었던 카스파르 타우버(Caspar Tauber)의 처형을 서신으로 소개하면서 "하나님의 말씀을 전한 것 때문에 참수되어 화형을 당했다"고 알렸다. 루터의 저서를 배부하는 이들이 특히 위험했다. 부다페스트에서는 도서를 판매한 어느 그리스도인이 그의 저서에 둘러싸인 채 화형을 당했지만, 그는 주님을 위해서 용기 있게 고통을 감수했다.

루터는 생명이 위협받는 그런 상황을 염두에 두고서 자신과 동료들이 죽음을 마주해도 두려워하거나 낙심하지 않고 흔들림 없는 믿음으로 자기 영혼을 하나님의 손에 맡길 수 있게 기도했다. 이 세상에서는 용기를, 내세에 대해서는 확신을 가질 수 있게 기도하는 감동적인 간구였다.

오늘날에도 그리스도인들 가운데 일부는 그리스도 때문에 생명의 위협을 받고 있다. 위험한 상황에서 그리스도를 증거하는 이들은 보다 안전한 세계에 사는 동료 그리스도인의 기도와 후원이 필요하다. 중국의 일부 그리스도인들은 십자가 아래서 살아가는 게 무엇인지 알고 있고, 다른 국가에서도 동료 그리스도인들이 예수님 때문에 일터에서 쫓겨나고 투옥되고 포로가 되며 생명을 잃고 있다. 순교는 과거의 일이 아니다. 영웅과 같은 사람들이 주님 때문에 고통을 겪고 있다. 그러나 그들은 같은 하늘 아래서 만날 가능성이 없는 사람들의 기도 덕분에 계속해서 견뎌나갈 수 있다.

루터는 주님의 기도에 대한 일곱 가지 간구에 대한 묵상을 마치면서 기도할 때마다 하나님의 임재 앞에 고독한 수행자인 것처럼 무릎 꿇으면 안 된다고 친구에게 강조했다. 루터는 기도의 장소에서는 외로움이 할 수 있는 게 전혀 없다고 주장한다. 하나님은 그 누구도 입을 떼지 않기나 하는 듯이 기도하는 사람에게 의도적으로 귀를 기울이신다. 하지만 하나님은 모르는 게 없으시고, 어느 곳에나 계시며, 무엇이든지 가능하시기 때문에 누구의 기도든지 환영하신다. 기도하는 순간 물리적으로는 누구도 함께하지 않아도 하나님 앞에 나아가면 결코 혼자가 아니라는 것을 깨달으면 용기를 낼 수 있다.

　　"자네가 홀로 무릎을 꿇거나 서 있다고 생각하지 말고 경건한 그리스도인 모두가 자네 옆에 서 있으며, 자네가 그들과 함께 힘을 합쳐 하나님이 외면하실 수 없는 간구를 하고 있다는 것을 떠올려야 한다네."

이 작은 책을 가지고 유배지에서 홀로 지내던 페터 베스켄도르프에게 이 한 개의 문장이 얼마나 큰 위로가 되었을지 우리는 짐작할 수 없다. 어쩔 수 없이 가족과 떨어져 지내며 경솔한 행동을 뉘우치고 기도하던 그는 한 번도 본 적이 없는 신자들이 자신을 둘러싼 채 합심해서 용서, 평화, 그리고 희망을 불어넣고 있다고 생각하지 않을 수 없었다.

루터가 기도에 관해서 확실하게 소개한 또 다른 내용은 눈으로 볼 수 없는 수많은 기도의 사람이 함께하고 있을 뿐 아니라 기도가 응답된다는 확신이었다. 그는 기도를 마무리하면서 자신 있게 '아멘'을 덧붙이라고 권한다.

　　"자비하신 하나님이 자네에게 분명히 귀를 기울이시고 자네의 기도에 '그렇게 하겠다'고 말씀하신다는 사실을 어떤 경우에도 의심하면 안 되네. …다음과 같이 결론을 내리지 않은 채 기도를 그쳐서는 안 되네. '정말 하나님이 내 기도를 들어주셨다. 나는 이것을 확실하게 흔들림 없이 믿는다.' 이것이 바로 아멘의 의미일세."

기도하는 사람은 기도할 때 외로움을 느껴서는 안 된다. 그들은 눈에 보이지는 않지만 확실한 신자들의 무리에 둘러싸여 있기 때문이다. 헛된 기도를 하고 있다고 낙담할 필요도 없다. 도움이 필요한 자녀의 부르짖음에 귀를 기울이는 사랑스러운 아버지가 일일이 관심을 갖고 기도를 들으시기 때문이다. 사랑스러운 아버지는 무엇보다 자녀들의 간절한 기도 그 이상으로 그들과 대화하고 싶어 하신다.

루터는 기도에는 말하는 것 그 이상이 존재한다고 강조한다. 그
리스도인이 하나님을 만날 때는 조심스럽게 그분의 말씀을 듣는다.
루터는 우리가 기도하는 동안에 우리의 교사가 되시는 성령님은 무
엇보다 강력하게 사역을 진행하신다고 생각한다. 우리는 지나치게
말을 많이 하거나, 아니면 잘 정리된 기도문을 활용하는 식으로 기
도를 혼란스럽게 만들면 안 된다. 그때는 주님의 기도 역시 도움이
되지 않는다. 우리는 미리 만들어진 기도의 틀을 따라서 다음 단계
로 넘어가기에 바쁘다 보니 하나님이 우리와 함께 나누고 싶어 하시
는 것을 간과하기도 한다. 그래서 루터는 우리가 주님의 기도 가운
데 한 가지 내용의 도움을 받아서 기도하다가 괜찮은 생각들이 쏟아
지면 이렇게 하라고 조언한다.

"나머지 간구를 미뤄둔 채 그런 생각에 필요한 여유를 갖고, 침묵하면서 귀를 기울이되 무슨 일이 있더라도 가로막아서는 안 되네. 이 순간에 성령님이 교훈을 주시기 때문에 그분의 한마디 가르침은 우리가 수천 번을 기도하는 것보다 훨씬 더 낫다네. 많이 읽고 깊이 생각해서 깨우치는 것보다 한 번의 기도로 더 많은 것을 깨달을 때가 더 많다네."

루터는 스가랴 선지자의 메시지를 학생들에게 강의하면서 말했다. "만일 우리 기도가 하나님께 전달되기를 바란다면 무엇보다 주님의 말씀에 귀를 기울여야 한다. 그렇지 않으면 눈물을 흘리고 부르짖더라도 ― 눈물을 쏟고 울부짖어도 ― 귀를 기울이지 않으실 것이다."

유머 감각이 뛰어난 루터는 기도하면서도 무슨 말을 하는지 그다지 신경 쓰지 않는 바르지 못한 기도 습관을 지적하면서 아주 탁월하게 유머를 활용한다. 그런 비판에서 자유로운 사람은 거의 없다. 그는 핵심을 지적하기 위해 분주한 신부와 부주의한 이발사를 예로 들어서 설명한다.

분주한 신부는 직접 처리해야 할 일정한 규모의 종교적인 업무가 있어서 집에서 기도하면서도 마음은 다른 곳에 가 있기 때문에 계속 다른 문제들에 매달린다. 그는 익숙하게 말을 쏟아내고 미리 정해진 표현을 쉽게 말하지만, 실제로는 기도를 마칠 때까지 집에서 부리는 일꾼들이 시간을 허비하는 일이 없도록 집안의 허드렛일에 머리를 굴리느라 정신이 없다. 루터는 조롱하는 비판자가 아니라 위험을 아는 사람처럼 상황을 설명한다.

"쓸데없는 말을 하고 이런저런 생각을 하는 것보다 하나님을 시험하는 게 또 있겠는가? 그것은 이렇게 기도하는 신부와 다르지 않다네. '하나님이여, 속히 나를 건지소서. 일꾼아, 말은 풀어놓았느냐? 여호와여, 속히 나를 도우소서. 하녀야, 나가서 우유를 짜 오거라. 성부와 성자와 성령께 영광이 있으라. 아이야, 눈썹이 휘날리도록 급히 서둘러라!'"

루터는 이렇게 덧붙인다.

"교황을 따르던 시절에 많은 사람이 그렇게 기도하는 것을 들었네. 그들의 기도는 대개 그런 식이었지. 이것은 하나님을 모독하는 일이라네. 올바로 기도할 수 없거나 집중할 수 없다면 놀이를 하는 편이 더 나을 걸세."

루터는 그런 종류의 경험을 머릿속에서 떨쳐낼 수 없었다. 그는 젊은 수도사 시절에 로마를 처음 방문한 때를 아주 고통스럽게 떠올렸다. 당시에 엄청난 특권 의식에 압도되었지만 대중 예배 시간에 진심이 담긴 기도를 하고 싶어 했었다. 하지만 성 베드로 성당 내부에 있는 이탈리아 출신 동료들에게서 인내심을 찾아볼 수 없었다. 그는 기도를 신속하게 마무리하지 못했다. 동료들이 그에게 "파싸, 파싸"(Passa, passa)라고 소리를 질러댔다. 빨리 끝내라는 뜻이었다.

그런데 루터는 너무 정직하다 보니 다른 사람을 비난할 수 없었다. 그는 자신도 마찬가지로 경건하지 못한 기도를 하던 순간이 있었다고 인정했다.

"안타깝게도 나 역시 대부분 그렇게 기도 시간을 보냈고, 기도를 시작한 것인지 아니면 진행 중인지 깨닫기 전에 찬양이나 정해진 시간을 끝마쳤다네."

물론 루터는 모든 사제가 자신이 말한 것처럼 일거리와 기도를 뒤섞지 않는다는 것을 알고 있었다. 하지만 우리 가운데 일부처럼 주의가 산만하다는 말을 듣는 것은 아니더라도 속으로는 그렇게 생각한다.

"그들은 이런저런 생각을 하다 보니 기도를 끝마치고 나서도 자신이 무슨 행동을 했고 무엇을 말했는지 알지 못한다네. 찬양으로 시작하다가도 곧장 바보의 낙원을 향해서 달려가기도 하거든."

갈피를 잡지 못하는 우리 마음을 누구든지 볼 수 있게 대형 스크린에 투사한다면 얼마나 당황스러울까! "차갑고 혼란스러운 마음으로 기도하는 순간 무슨 일이 벌어지는지 의식하지 못하는 사람은 그보다 터무니없는 말장난이 있을 수 없다는 것"을 거의 파악하지 못한다. 루터는 기도를 시작할 때부터 마치는 순간까지 그 내용과 생각을 남김없이 기억하는 게 얼마나 중요한지 모른다고 말한다.

루터는 두 번째 사례에서 페터 베스켄도르프와 그의 직업을 직접 염두에 두고 있다. 주의를 집중해야 할 필요성을 강조하기 위함이었다.

"마찬가지로 솜씨 좋고 몰입하는 이발사는 생각과 관심과 시선을 면도칼과 머리카락에 고정한 채 면도와 이발이 얼마나 진행되었는지 주시한다네. 만일 그가 대화에 너무 자주 끼어들거나 마음이 심란하거나 다른 곳을 바라본다면 손님의 입이나 귀, 아니면 목에 상처를 입힐 수도 있지."

베스켄도르프는 부주의한 이발사가 목에 상처를 입히는 장면을 연상하고 웃음을 터뜨렸겠지만 루터는 "그러니 무슨 일이든지 제대로 처리하려면 무엇 하나 놓치지 말고 제대로 주의를 집중해야 한다"라고 지적하면서 핵심을 강조한다. 그는 익숙한 말을 인용한다. "잡다하게 생각하는 것은 전혀 생각하지 않는 것이라서 도움이 되지 않는다." 따라서 "좋은 기도가 되기 위해서는 한 가지에 집중하는 마음이 얼마나 필요한지" 알 수 있다.

이 대목에서 루터는 '주님의 기도'가 지닌 강점을 강조하고 위험성을 드러내면서 자세하게 검토한다. 그는 그것에 질려본 적이 없었다. 아기처럼 그것을 마시고 어른처럼 먹고 마셨다. "정말 뛰어난 기도이고, 시편보다 훌륭하다. 나는 그 기도를 아주 소중하게 생각한다."

기도의 틀을 잡기 위해 주님의 기도를 활용하면서도 그는 한 번도 후회한 적이 없었다. 그는 주님의 기도를 이해하지 못해서 어려움을 겪지 않았다. 살아계신 주님이 직접 가르쳐주신 게 분명하기 때문이다. 어렵다면 그것을 활용하는 사람들의 몫이다. 대단한 문장들을 허겁지겁 넘어가다 보니 엉망이 되고 만다. "대단한 주님의 기도가 세상에서 제대로 대접을 못 받으니 정말 안타까운 일이다!"

한 해 동안 주님의 기도를 수천 번씩 하는 사람들이 많지만 그들이 그렇게 천 년을 반복한다 해도 그 기도를 일점일획도 맛보지 못했거나 기도하지 않은 것일 수 있다는 것은 비극이다. 루터는 이렇게 평가한다. "주님의 기도는 지상에서 최고의 순교자이다. 누구든지 고문하고 학대한다. 제대로 사용해서 위안과 기쁨이 되는 경우는 드물기만 하다." 그는 생각하지 않는 사람들의 기도에 반복해서 등장하는 하나님의 이름 역시 마찬가지일 수 있다고 말한다. 하나님이라는 단어는 더욱 심해서 거기에 포함된 무한한 가치를 철저히 무시하고 그냥 떠들어댄다는 것이다.

루터는 계속해서 자신의 기도 습관을 소개한다. 주님의 기도를 검토할 수 있는 시간과 기회를 가졌으니 십계명 역시 네 개의 가닥으로 삼아서 화관을 만들겠다는 것이다.

"첫째, 나는 각각의 계명을 실제로 의도가 담겨 있는 가르침으로 생각하고, 주 하나님이 내게 아주 간절히 요구하시는 내용으로 간주한다네. 둘째, 나는 십계명을 감사기도로 표현한다네. 셋째는 고백한다네. 그리고 넷째는 기도한다네. 이것을 다음과 같이 생각이나 글로 표현할 수 있다네."

루터는 기도의 이런 네 가지 부분을 네 권의 책, 즉 '배움의 책, 찬양의 책, 참회의 책, 그리고 기도의 책'으로 삼아서 검토한다. 그는 계명을 일일이 묵상하면서 이런 내용이 마음을 가다듬게 하고 찬양하게 하고 죄를 고백하게 하고 기도하게 하는 절차를 확인한다.

그는 이 사중적인 구도를 기계적으로 활용하거나 계명 하나하나에 얽매이면 안 된다고 한 번 더 주장한다. "이 모든 것을 그대로 지키겠다고 보증하지 않도록, 그리고 영적으로 지치지 않도록 조심해야 한다." 기도의 가치는 길이와 무관하다. 기도는 얼마나 의지하는지, 그리고 신실한지에 따라서 평가받는다. "좋은 기도는 길게 오래 하지 않고, 뜨겁게 자주 하는 것이다."

루터는 네 권의 책과 같은 구조를 "마음의 불을 붙이는 데 사용한다"고 말한다. 묵상하거나 기도하는 동안에 가슴이 뜨거워지고, 마음이 자극을 받아서 의지가 행동에 나서게 될 때는 한 개의 계명을 계속 붙잡거나, 아니면 일부에만 집중하는 것으로도 충분하다. 그는 묵상의 과정에서 성령님의 역할을 일차적으로 부각한다. 그분은 우리의 탁월한 교사가 되신다. 성령님은 "하나님의 말씀을 통해서 우리 마음이 깨끗해지고 쓸데없는 생각과 관심이 사라지는 순간에 이것을 우리에게 허락하시고 계속해서 교훈하신다."

주님의 기도와 마찬가지로 루터는 계명으로 이루어진 네 권의 책에 필요한 자료를 어떻게 이끌어내고, 묵상 과정에서 드러난 진리를 어떻게 진술할 수 있는지 일련의 사례들을 제시한다. 루터가 설명한 것을 그대로 반복하지 않더라도 주제를 전개하는 방법을 보여주는 몇 가지 사례들을 통해 도움을 얻을 수 있다.

루터는 가르침, 감사, 고백, 그리고 기도라는 네 권의 책에 해당하는 자료를 확인하기 위해 첫 번째 계명을 검토하기 시작한다. "나는 네 하나님 여호와니라. 너는 나 외에는 다른 신들을 네게 두지 말라." 이 구절을 거론하는 배움의 책은 하나님의 위대하심과 특별하심을 주장한다. 그것은 종교개혁자에게 무슨 일이든지 자신을 진정으로 신뢰하기를 기대하고, 루터의 하나님이 되는 게 하나님의 가장 큰 소원이라는 것을 가르쳐주었다. 그런 관계에는 절대적인 충성이 요구된다. "내 마음은 다른 것을 의지하거나 그 어떤 것도 신뢰할 수 없는데, 부유함이나 체면, 지혜, 권세, 경건이나 그 무엇도 마찬가지다."

루터의 개인적인 찬양의 책에 포함될 수 있는 찬양 주제는 진정으로 자비하시고 신뢰할 수 있는 하나님께 감사하는 것이다. 그는 이렇게 감사한다.

"나는 하나님의 한없는 동정에 감사한다네. 그분은 아버지처럼 나를 찾아오시고, 부탁이나 요구가 없어도 공로를 내세우지 않으시면서 나의 하나님이 되어주시고, 필요한 순간마다 위로와 보호와 도움과 능력을 베풀어 주신다네. …어찌 그분에게 영원히 감사하지 않을 수 있겠는가!"

루터는 이 계명을 의지해서 참회의 책에 "나는 평생 아주 탁월한 교훈과 아주 소중한 선물을 어리석게 멸시하고, 헤아릴 수 없을 만큼 우상을 숭배해서 하나님의 분노를 크게 자극한 죄를 저지르고 은혜를 저버린 것"을 기록한다. 그는 이런 죄를 고백하고 용서를 구하는 기도를 한다.

이 첫 번째 계명을 통해 영감을 받은 종교개혁자의 기도 책은 이런 교훈을 하루도 거르지 않고 더 자세히 익히고 이해하고, 그것들을 진심으로 확신하면서 살아갈 수 있도록 하나님께 간구한다. 그는 이렇게 기도한다.

"내 마음을 지키셔서 또다시 잊어버리고 감사를 잊는 법이 없게 하소서. 다른 신이나 세상의 위로나 어떤 피조물을 따르지 않게 하시고, 나의 유일한 하나님이 되시는 하나님만 진정으로 좇을 수 있게 하소서. 사랑하는 하나님 아버지께 아멘을 돌립니다. 아멘."

계속해서 루터는 하나님의 이름을 헛되이 부르지 않는 것과 관련된 계명을 거론하면서 배움의 책에 따르면 자신의 명예나 이름을 자랑하거나 추구해서는 안 된다고 주장한다. 이 교훈은 우리의 거만함과 자기주장을 비난한다. 진정한 신자는 뛰어난 하나님이 자신의 하나님이라는 것을 자랑과 영광으로 삼는다.

여기서 찬송의 책은 우리가 하나님의 이름 덕분에 하나님의 종, 피조물, 자녀, 대사라는 이름을 가질 수 있으니 즐거워하고, 엄청난 특권을 의식하라고 격려한다. 이 계명에 따르면 우리가 삶 속에서 온갖 것을 경험할 때 하나님의 특별한 이름은 의로운 사람이 피신해서 보호받는 강력한 성과 같은 피난처가 되어준다는 것에 역시 감사하라고 교훈한다.

여기서 고백의 책은 루터가 적잖게, 그리고 부끄럽게 이 계명을 어겼을 뿐 아니라 생각하고 말할 수 있게 허락하신 하나님의 선물에 감사하지 않았고, 수치와 죄악을 좇느라 그분의 이름을 더럽히고 거짓을 말하고 배반하면서 잘못 사용했다고 인정한다.

그의 기도 책에는 "이후로 이 계명을 배우고(순종하고), 하나님의 이름을 거부하면서 감사를 모르고 악용하거나 죄를 범하지 않고, 그분의 이름을 존중하고 영광스럽게 대하면서 감사할 수 있는 도움과 능력"에 대한 간구가 포함되었다.

루터는 나머지 계명 역시 일일이 같은 방식으로 검토한다. 그는 경건하게 익숙한 내용을 묵상하면서 각각의 계명으로부터 네 가지 책에 필요한 내용을 한층 더 이끌어낸다. 성령님은 거듭해서 그의 마음에 불을 일으키셔서 가르침대로 하나님을 경배하고 용서를 받아들이고 능력을 추구하도록 줄곧 귀를 기울이게 만드셨다. 그는 책의 마지막 부분에 십계명처럼 사도신경을 가지고서 네 가닥의 화관을 만드는 방법을 보여주는 실제 사례를 포함시켰다.

기도는 단순히 감사하고 고백하고 요청하는 게 아니다. 기도는 하나님의 임재 안에서 우리가 그분에 대해 믿는 모든 것에 감사하고 인정하는 것이다. 종교개혁시대에는 교리를 인정하고 가르치는 게 아주 중요했다. 루터는 가톨릭의 교리를 단순히 비난만 해서는 전혀 도움이 되지 않는다는 것을 알고 있었다. 개신교인들은 자신의 진정한 신앙을 공개적으로 밝혀야 했다. 그 때문에 루터는 사도신경의 세 가지 위대한 주제, 즉 창조주 하나님, 구속자 그리스도, 거룩하게 하시는 성령님을 묵상하는 것으로 자신의 저서를 마무리했다.

하나님에 대한 확신

루터는 "전능하사 천지를 만드신 하나님 아버지를 내

가 믿사오며"라는 문장을 묵상하는 순간에 하나님의 성품, 인간의 본성("당신이 누구이고, 당신이 어디에서 왔고"), 그리고 놀라운 창조("당신은 하나님의 피조물이고, 손수 만드신 작품")처럼 묵상해야 할 주제가 계속해서 솟아난다. 우리가 이 교훈을 살펴보기 위해서는 우리를 만드시고(창조자) 사랑하시는(아버지) 하나님께 전적으로 신세를 지고 있음을 명심해야 한다. 우리는 스스로에 대해서 "아무것도 아니고 아무것도 할 수 없고 아무것도 알지 못하고 아무것도 해낼 수 있는 능력이 없다"고 생각해야 한다. 하나님은 우리를 만드실 때 감사하게도 숨을 쉴 수 있게 하셨다. 그래서 "하나님은 언제든지 멸망시킬 수 있는 창조자"이시다.

찬양의 책에 포함된 찬양의 주제가 되는 사도신경의 이 주제 덕분에 우리는 "하나님이 아무것도 없는 상태에서 창조하시고, 아무것도 없는 상태에서 매일의 필요를 제공하시니 감사할 수밖에 없다. …우리를 몸과 영혼과 지능과 오감을 소유한 아주 탁월한 존재로 만드셨고" 인간이 특별한 피조물이라는 것을 용기 있게 감사할 수 있다.

이 진리는 우리 고백의 책에 한 가지 내용을 포함하도록 요구한다. 우리는 사고할 줄 모르는 짐승보다 더 어리석게 믿음과 감사하는 마음을 갖지 못했음을 탓해야 한다. 감사를 모르는 마음과 우상숭배는 죄 가운데서 단연 으뜸이다. 하나님을 하나님으로 인정하지 못하고, 그에 따른 공백 상태에서 하나님의 자리에 자신을 올려놓는 것이다. 고든 럽(Gordon Rupp)의 말을 빌자면 이 종교개혁자는 "인간의 재앙이 감사를 모르는 상태에서 비롯된다"고 주장한다. 루터는 이렇게 경고한다. "지옥의 단계에는 순서가 있다는 것에 주의해야 한다. 첫째는 감사하지 않는 것이다. …둘째는 허영심, 즉 혼자의 힘으로 살아가는 것이다."

감사를 모르는 마음이 우상 숭배로 흐르고, 자기 숭배가 최악의 효과를 발휘하는 우상 숭배로 바뀌는 것은 순식간의 일이다. 우리는 자기 생각을 떠받들고 고집을 피우고 욕구를 충족하느라 정신을 놓게 된다. 로마서를 주석하면서 루터는 이렇게 설명한다.

"성경에 따르면 인간은 자신을 위해서 혼자 힘으로 신체적으로는 물론 영적인 것까지 악용할 정도로 스스로 왜곡시켰다. …인간은 다른 모든 것보다, 심지어는 하나님보다 자기를 사랑한다. …(인간은) 최종적으로, 그리고 궁극적으로 자신에게만 관심을 가졌고…(그리고 육체는) 그 자체만 사랑하고 다른 모든 것, 심지어 하나님까지 이용한다."

신자들은 이 신앙고백의 내용을 염두에 두고서 자신을 살펴야 한다. 기도의 책에는 우상 숭배를 벗어나 '진솔하고 확신하는 신앙'을 가지고서 아낌없이 주시는 창조자를 즐거워하고 자비하신 아버지를 신뢰한다는 간구가 포함되어야 한다.

그리스도 안에서의 평안

루터는 그리스도와 특별한 구속 사역에 관한 두 번째 주제를 다루면서 신자들의 확신에 특히 관심을 집중한다. 그리스도인의 구원에 관한 가톨릭의 확실하지 않고 애매한 태도와 극명하게 대조를 이루는 개신교의 확고한 교리가 여기에 자리 잡고 있다. 하나님이 우리의 창조자라는 사실을 인정한다면 그와 마찬가지로 그리스도께서 우리 구세주이며 구속자가 된다는 것을 알 수 있다.

"사도신경의 첫 번째 부분에서 자네 자신을 하나님의 피조물 가운데 하나로 간주하고 의심하지 않았듯이 자신을 구속받은 사람 가운데 하나로 인정하고 전혀 의심하면 안 되네. 가령 다른 무엇보다 한 개의 단어, 즉 예수 그리스도, 우리 주님을 강조해야 한다네. 우리 때문에 고통을 겪으셨고, 우리 때문에 죽으셨고 우리 때문에 살아나셨네. 이 모두가 우리를 위한 것이고 우리와 관계가 있다네. 이 우리 안에는 하나님의 말씀이 선언하듯 자네 역시 포함된다네."

배움의 책에 포함된 그리스도인의 확신에 관한 위대한 진리는 찬양의 책이 감사의 찬송을 전달한다는 사실을 분명하게 보장할 것이다. 덕분에 우리는 흔들림 없는 믿음을 가진 그리스도인처럼 그런 은혜에 진심으로 감사하고 구원을 즐거워할 수 있다.

고백의 책에는 우리가 은총과 확신에 대한 이런 소식을 심각하게 의심하고, 어리석게도 스스로 구원을 얻어낼 속셈으로 무익한 선행을 의지하던 순간을 진심으로 슬퍼하는 내용이 기록될 것이다.

기도의 책에 거론되는 내용은 지금부터 세상이 끝나는 날까지 그리스도 안에서 진실하고 순수한 믿음으로 보존될 수 있도록 하나님의 도움을 구하는 것이다.

성령님을 의지하는 삶

루터는 거룩하게 하시는 성령님의 사역에 관한 세 번째 주제를 묵상하면서 교회에 속한 하나님의 구속받은 사람들의 삶에 초점을 맞춘다. 그는 개인주의로 흐를 수 있는 신앙생활의 공동체적인 측면을 정확하게 부각한다. 구원은 개인적인 용어로 이해하는 게 당연하다. 루터보다 일관되게 주장한 사람은 아무도 없다. 갈라디아서 2장 20절 "나를 사랑하사 나를 위하여 자기 자신을 버리신"에 기록된 바울의 발언에 대한 루터의 주석이 대표적이다.

"그러므로 아주 간절하게 '나'와 '나를 위하여'라는 단어를 읽고 난 뒤에는 확실한 믿음에 의지해서 마음속으로 이 '나'를 살펴보고 각인하되, 당신이 이 '나'라는 단어에 포함된 구성원이라는 것과 그리스도께서 베드로와 바울을 사랑해서 그들을 위해 자신을 주셨을 뿐 아니라 우리를 이 '나'에 역시 포함시키는 동일한 은총에 도달할 수 있고 우리에게 전해진다는 것을 의심하지 않으면서 내적으로 실천해야 한다."

루터는 개인 구원을 아주 분명하게 확신했지만 그것을 통해 개인의 구원이 가능하다고 주장하는 잘못을 범하지는 않았다. 그리스도에 속하는 것은 그의 지체, 즉 교회의 일부가 되는 것이다. 따라서 기도에 관한 루터의 안내서는 "거룩한 그리스도인의 교회가 존재하는 곳에서 매일 죄를 용서하심으로써 우리를 거룩하게 만드시는 창조자 하나님, 구속자 하나님, 성령 하나님을 만날 수 있다"라는 조언으로 끝을 맺는다.

루터는 당연히 교회를 "이런 신앙에 관한 하나님의 말씀이 바르게 전해지고 고백되는 곳"으로 정의하고 싶어 했다. 그는 이발사 친구에게 말한다. "게다가 여기에서 성령님이 매일 교회에서 행하시는 모든 것을 오랫동안 깊이 생각할 기회를 갖게 된다네."

찬양의 책 서두에는 우리 역시 '교회로 부름받았고, 찾아오게 된 것'에 대한 찬송이 포함되어야 하겠지만, 고백의 책은 '모든 것을 외면하면서 믿음과 감사하는 마음을 갖지 못하던 때'를 뉘우친다.

루터는 점차 드세지는 반대와 박해에 직면한 자신의 독자들이 확고한 충성심과 강인함을 충분히 유지할 수 있게 간구해야 한다고 생각했다. 그의 마지막 발언이 기도의 책 앞부분이 될 수 있다. 그는 이렇게 자신의 독자들에게 부탁한다.

> "죽음으로부터의 부활을 넘어서서 영원한 삶을 누리고 지속되는 곳에 다다를 때까지 진실하고 흔들림 없는 믿음을 유지하도록 기도해야 한다. 아멘."

페터 베스켄도르프가 루터로부터 이 작은 책을 처음 받았을 때는 생활하는 데 별다른 어려움이 없었다. 안락한 집, 평안한 가족, 어느 정도 성공적인 사업, 많은 친구와 루터의 뛰어난 강해 사역 덕분에 정기적으로 신앙이 양육되고 도움을 받던 인근의 교회가 있었다. 그러나 이 모든 것이 순식간에 사라졌다. 삭막한 유배생활을 하는 그가 할 수 있는 것이라고는 자신을 하나님께 철저히 바치고 루터가 집필한 책이 일러주고 자극하고 격려했던 것처럼 신앙을 갖는 게 전부였다.

루터의 「단순한 기도의 방법」은 그에게 성경을 기계적으로, 혹은 서둘러서 읽는 게 아니라 조용하게 묵상하듯 그의 네 가지 책, 즉 배움의 책, 찬양의 책, 참회의 책, 기도의 책을 충족하는 기도를 할 수 있도록 성경에서 풍성한 자료를 발견하도록 소개했다. 다른 모든 그리스도인처럼 페터 베스켄도르프는 하나님의 교훈에 민감한 마음,

그분의 축복에 감사하는 마음, 잘못을 인정하는 회개하는 마음과 하루도 거르지 않고 성장하는 데 필요한 신선한 은총을 구하는 지혜가 필요했다. 가톨릭 역사학자인 요제프 로츠(Joseph Lortz)는 종교개혁자의 영성을 설명하면서 이렇게 말한다.

> "루터는 강력한 기도의 능력을 지녔다. 그는 하나님께 뿌리를 박고 있었고, 하나님이 심오한 계시를 통해서 우리에게 접근하는 생각을 알고 있었다. 그는 생활에 필요한 소유에 관해서도 그런 생각을 유지해서 하나님과 더불어서, 혹은 하나님에 관해서 대화를 시작하기에 앞서 피신처를 찾을 필요가 전혀 없었다."

루터는 그리스도인이 되는 것은 기도하는 것이라고 믿었다. 그가 보기에 기도하지 않는 그리스도인은 논리적으로 모순이었다. "신발을 만드는 사람이 신발을 만들고, 재단사가 외투를 만드는 것처럼 그리스도인은 당연히 기도해야 한다. 기도는 그리스도인이 하루도 거르지 않고 해야 하는 업무이다."

루터는 비텐베르크에 거주하는 이발사에게 기도생활의 형식을 소개함으로써 신자들의 가장 큰 특권에 관한 탁월한 교훈을 수 세기에 걸쳐서 그리스도인들에게 제공한 것이었다. 덕분에 우리를 늘 반갑게 맞아주시는 하나님의 임재에 거리낌 없이 다가서는 게 무엇인지 알게 되었다.

이 원고는 마틴 루터에게서 가장 큰 영향을 받은
영성의 대가 프랑소아 페넬롱의 숨겨진 대표작이다.
우리는 프랑소아 페넬롱하면 흔히
「그리스도인의 완전」이라는
고전 중의 베스트셀러를 꼽는다.
하지만 우리가 미처 알지 못했던
또 다른 대표작이 있었으니 바로 이 책이다.
「프랑소아 페넬롱의 안식」은 부제에서 말해주는 것처럼
하나님 안에서 우리에게 위로와 평안을 찾게 해주는
따뜻하고 행복한 잠언들이다. 페넬롱은 루터에게서
영향을 받아 이 책을 쓰게 되었다고 밝힌다.
그리하여 독자들에게 마틴 루터의 영성이
페넬롱에게 어떻게 계승되었는지를 알려주고자
특별히 수록하게 되었다.

프랑소아 페넬롱의
안식

: 위로와 평안을
주시는 하나님의 마음

하나님의 마음에서 휴식

"내가 잘지라도 마음은 깨었는데"(아 5:2). 하나님의 마음 안에서 휴식하며 그분의 섭리에 우리 자신을 맡기고 그분의 달콤한 자비하심을 항상 지각한다면 우리는 평화로운 잠을 잘 수 있다. 우리 자신을 위해 더 이상 무엇을 추구하지 않게 되고, 우리의 전 존재가 그분 안에 거하게 되기 때문이다.

그 결과 주저하는 태도, 억지스러운 자기 합리화, 자신을 위한 욕구, 높은 지위를 얻기 위한 안달에서 초연하게 된다. 그리고 우리 자신은 하나님의 마음 안에서 휴식을 취하게 된다. 하나님은 자신의 손으로 우리를 그분의 마음 안에 갖다 놓고 자신의 팔로 우리를 감싸주신다. 어머니가 어린 자녀를 껴안고 흔들듯이 하나님이 우리를 안고 감싸주시는 그곳에서 우리에게 위험이 엄습할 수 있을까? 하나님이 자유롭게 행동하실 수 있도록 모든 것을 맡기고, 그분을 의지하며 그분 안에서 안식하라.

제한된 인간적 이성의 모든 생각을 제어하는 이런 자신감 넘치는 신뢰의 안식은 우리 마음이 계속 깨어 있을 때만 가능하다. 사람이나 사물을 의지하지 않고 하나님의 장중에 자신을 맡길 때, 심지어 잠을 잘지라도 우리 마음은 항상 깨어 있을 수 있다. 그런 깨어 있는 상태에서 사랑은 자기 눈을 항상 떠서 사랑의 대상을 향해 시선을 고정한다. 그렇게 되면 결코 영혼의 치명적인 잠에 빠져들 수 없다.

하나님의 지혜

"하물며 너희 하늘 아버지께서 구하는 자에게 성령을 주시지 않겠느냐"(눅 11:13). 하나님의 마음과 영 외에 거룩한 영이나 거룩한 마음은 존재하지 않는다(불어에서는 영어의 '영'(spirit)과 '마음 또는 생각'(mind)의 개념이 한 단어에 응축되어 있다. 즉 esprit이다. 여기서 페넬롱은 이 단어를 사용하면서 영과 마음의 두 개념 사이를 자유롭게 왔다 갔다 한다. 이 책에서는 그 불어의 미묘한 차이를 보존하기 위해 필요한 경우 영과 마음 또는 생각이라는 두 단어를 동시에 사용했다 – 편집자 주).

만약 어떤 영이나 마음이 그 유일하고 참된 보화이신 하나님으로부터 우리를 멀어지게 한다면 아무리 그 영과 마음이 명쾌하고 유쾌하며 썩어질 보물을 얻어주는 데에 재능이 있다 할지라도 그것들은 우리를 방황하게 만드는 환영에 불과하다. 아무리 멋지고 아름다운 마차일지라도 우리를 벼랑 끝으로 내모는 것이라면 누가 그 마차를 타겠는가?

영이나 마음은 우리를 진리와 절대적 선으로 이끄는 데에 그 목적이 있다. 그런데 하나님의 영과 생각 외에 거룩한 영이나 마음은 없다. 왜냐하면 하나님의 영만이 우리를 하나님께로 인도할 수 있기 때문이다. 하나님의 영으로 살기 원한다면 우리의 생각과 마음을 버리자. 하나님께로부터 오는 흠 없는 옷을 입기 위해 더러워진 옷을 던져버리는 사람은 복이 있다. 하나님의 마음과 영으로부터 오는 지혜를 깨닫기 위해 자신의 공허한 지혜를 하찮게 여기는 사람은 복 있는 사람이다.

하나님의 자비

"여호와는 은혜로우시며 긍휼이 많으시며 노하기를 더디 하시며 인자하심이 크시도다"(시 145:8). 하나님의 존전 앞에

섰을 때 그분이 당신에게 보여주신 자비와 깨달음, 영감을 주신 생각들, 그분의 도움으로 당신이 빠지지 않았던 세상의 함정들, 그리고 당신 마음속에서 역사하셨던 그분의 은혜들을 생각하라. 그분의 선하신 귀중한 증거들을 기억할 때 그분의 도우심에 감동하여 눈물을 흘리라.

당신이 하나님 앞에서 산 제사가 되도록 그분이 맡겨주신 십자가들을 묵상하라. 그것들은 확실히 그분의 사랑의 표시이다. 과거에 베풀어주신 하나님의 은혜에 대한 감사로 인해 미래에 하나님을 더욱 의지할 수 있도록 영감을 받으라. 하나님의 사랑이 다하여 더 이상 당신을 사랑하지 않을 것이라고 결코 생각하지 말라.

하나님을 불신하지 말라. 오히려 당신은 자신을 믿지 말아야 한다. 사도 바울의 말처럼 하나님은 "자비의 아버지시요 모든 위로의 하나님"(고후 1:3)이시라는 사실을 기억하라. 그리고 다윗 왕처럼 "주여 주의 성실하심으로 다윗에게 맹세하신 그 전의 인자하심이 어디 있나이까"(시 89:49)라고 말하며 간구하라.

하나님은 당신 삶에서 포근하고 안락한 부분을 제거하셨다. 당신이 낮아져서 자신의 본질을 알아야 하기 때문이다. 실로 당신은 그동안 헛되게 안락과 도움을 다른 데서 추구하며 살아왔다.

하나님 자비하심의 회복

"내가 잠잠하고 입을 열지 아니함은 주께서 이를 행하신 까닭이니이다"(시 39:9). 하나님이 저에게 고난을 주실 때 그것이 사랑의 발로이며 그 고난을 통해 저를 치유하신다는 사실을 알면서도 제가 불평한다는 게 말이 됩니까? 그러므로 주님, 저를 바로잡아 주소서! 주님의 교정을 기꺼이 받겠습니다.

주님의 질타가 아무리 강할지라도 그 뒤에는 자비하심이 숨어 있기 때문에 그렇게 아프지 않습니다. 정말로 주님이 저의 몸에 고통을 주지 않았다면 제 영혼은 스스로 계속적인 타격을 입혀 죽음에 이르렀을 것입니다. 실로 제 영혼은 한때 만신창이가 되어 있었습니다. 그런 제 영혼을 보시고 주님은 자비를 베푸셨습니다. 그리고 지금 주님은 죄로 물든 이 천한 몸을 겸손하게 만들고 계시며, 제 야망과 계획을 무너뜨리고 계십니다. 주님은 오래전에 제가 잃어버렸던 영원한 진리를 향한 욕구를 저에게 다시 회복시켜 주셨습니다.

사랑의 하나님, 영원히 찬양받으소서! 저를 교정시켜 주시는 주님의 손에 무릎 꿇고 입 맞추나이다. 저를 징계하기 위해 뻗으신 주님의 팔을 저는 경배합니다.

하나님을 신뢰하기

"여호와께 피하는 것이 사람을 신뢰하는 것보다 나으며"(시 118:8). 매일 당신은 연약한 친구들, 잘 알지 못하는 사람들, 그리고 눈가림으로 대충 일하는 일꾼들을 신뢰하며 살고 있다. 그럼에도 하나님을 신뢰하는 일에는 두려워한다. 자신의 소유물에 관련해서 공무원의 인증은 마음을 놓으면서 예수 그리스도의 영원한 복음에 대해서는 확신을 갖지 못한다!

실로 당신은 이 세상이 제시하는 모든 약속을 믿는다. 하지만 하나님이 당신에게 맹세로 주신 약속들에 대해서는 믿기 어려워한다. 그분에 대한 얼마나 큰 모독인가! 그리고 당신에게도 이것은 정말로 무서운 일이다!

이제 일의 순서를 바로잡자. 절제와 중용의 태도로 우리에게 맡겨진 일들을 수행하면서 하나님이 담당하실 일들에 대해서는 신실하게 기다리자. 억제할 수 없는 감정들을 통제하고, 타당한 생각이나 열정의 모습으로 가장한 모든 근심을 청산하자.

이와 같이 사는 사람들은 자신의 기초를 하나님께 두기 때문에 시온산과 같이 결코 요동하지 않는다.

나의 사랑을 보시옵소서

"주님 그러하나이다. 내가 주님을 사랑하는 줄 주님께서 아시나이다"(요 21:15). 오, 사랑의 하나님! 오, 자비하신 아버지! 오, 나의 전부 되신 주여! 주님은 내가 어떻게 나를 사랑해야 할지 저보다 잘 알고 계십니다. 주님은 그것을 알고 계시지만 저는 알지 못합니다. 제 마음 깊은 곳을 저도 모르기 때문입니다. 저는 주님을 사랑하기 원하지만 충분히 사랑하지 못할까 봐 두렵습니다. 제가 주님께 구하는 것은 풍부하고 순전한 사랑으로 주님을 사랑하는 것입니다.

주님은 제 소원이 무엇인지 알고 계십니다. 실로 주님은 그 소원을 제 안에 창조하신 분이기도 합니다. 주님이 창조하신 제 마음을 감찰하소서. 그래서 제 안에 주님이 놓으신 사랑을 보시옵소서.

오, 하나님! 저를 사랑하시고 주님께 최선을 다해서 사랑하도록 영감을 주시는 주여! 한때 저를 얽어맸던 회개하지 않은 죄악들을 더 이상 보지 마옵소서. 대신 제 안을 살피사 오직 주님의 자비와 저의 사랑만을 보시옵소서.

내게 부족함이 없으리로다

　　"여호와는 나의 목자시니 내게 부족함이 없으리로다"
(시 23:1). 하나님을 소유한 나에게 다른 무엇이 필요할까? 확실히
하나님은 이 세상에서 유일하게 선에 대해 다음과 같이 말씀하신다.
"나에게서 물러나라! 너는 '선한' 가치라고 불릴 자격이 없다. 네가
하는 일이란 사람을 나쁘게 할 뿐이다." 이 세상에 하나님 외에는 그
어떤 것도 선하지 않다. 내 안에 거하시는 그분을 나는 항상 마음속
에 소중히 간직할 것이다.

　하나님이 나의 즐거움, 나의 부, 나의 명예, 권세, 친구, 건강, 심
지어 나의 생명을 취하신다고 해도 그것은 중요하지 않다. 그분이
나의 마음속에서 자신을 숨기시지 않는 한 나는 항상 부자가 될 것
이다. 그렇게 되면 나는 어떤 것도 잃지 않게 된다. 실로 모든 것의
주인 되신 그분을 나는 떠나지 않을 것이다.

　주님은 내가 그분을 떠나 방황 중에 있을 때 나를 찾아와주셨다.
그리고 내가 그분을 사랑하지 않았을 때 그분은 나를 사랑하셨다.
나의 감사하지 못한 태도에도 주님은 나를 부드러운 눈길로 바라보
셨다. 지금 나는 그분의 장중 안에 있다. 그리고 그분은 자신의 뜻에
따라 나를 인도하고 계신다.

　강하신 하나님 앞에서 나는 나의 연약함을 느끼게 된다. 하지만
내가 그분의 능력을 계속 신뢰한다면 결코 부족함이 없을 것이다.

하나님을 향한 배고픔

"하늘에서는 주 외에 누가 내게 있으리요. 땅에서는 주 밖에 내가 사모할 이 없나이다. 내 육체와 마음은 쇠약하나 하나님은 내 마음의 반석이시요 영원한 분깃이시라"(시 73:25-26). 주여, 주님은 이 세상 모든 것의 하나님이 되십니다. 그래서 만물이 주님의 목소리에 복종합니다. 주님은 살아 있는 모든 생명뿐만 아니라 생명이 없는 피조물에게도 그들의 영혼이 되십니다. 주님이 제 육체에 주신 이 영혼보다 주님이 더 진정한 제 영혼입니다. 주님은 저보다도 더 제게 가까운 존재입니다. 모든 것이 주님에게 속해 있습니다. 주님이 만들고 생명을 불어넣어주신 저의 이 마음 또한 주님에게 속해 있습니다. 그것은 제 것이 아니라 주님의 소유물입니다.

하지만 사랑의 하나님, 주님은 또한 저에게 속해 있습니다. 왜냐하면 주님은 제 사랑의 대상이기 때문입니다. 주님은 저에게 모든 것이 되십니다. 오, 나의 영원한 기업이여! 저는 주님 외에 다른 것을 소유하지 않습니다. 제가 바라는 것은 지상의 위안이나 흥겨운 감정, 반짝 빛나는 깨달음, 또는 비범한 내적 은혜가 아닙니다. 저는 주님이 베풀어주시는 그런 은사와 선물들에 관심이 없습니다. 그것들은 여전히 주님이 아니기 때문입니다. 저의 갈급한 대상은 오직 주님뿐입니다. 저는 저 자신을 잊고 보지 않기를 원합니다. 주님의 뜻대로 제게 행하소서. 그 외의 것은 아무런 의미가 없습니다.

하나님을 향한
흔들리지 않는 욕구

"지극히 높은 곳에서는 하나님께 영광이요 땅에서는 하나님이 기뻐하신 사람들 중에 평화로다"(눅 2:14). 오직 하나님의 영광만을 구할 때 우리는 다시 평화를 찾을 수 있다. 하지만 하나님의 영광은 사람의 생각이나 행동에서 발견될 수 있는 그런 성질의 것은 아니다. 오직 우리가 우리의 인간적인 성품을 내려놓고 온전히 그분의 영에 우리를 맡길 때 비로소 하나님은 우리로부터 영광을 받으신다. 우리가 하나님이 원하시는 것 이상으로 그분께 영광을 돌리려고 해서는 안 된다. 단지 그분의 신적 계획을 실행하기 위한 조용한 도구가 되도록 우리 자신을 드려야 한다.

우리는 우리 안에서 다음과 같은 것들을 색출해서 제거해야 한다. 즉 우리의 긴급하고 번잡한 일들, 자아를 위한 행동, 열심을 가장한 분주한 행동들이 그것이다. 이런 것들이 사라질 때 진정한 평화와 선한 의지가 나타난다.

하나님의 뜻을 따르는 선한 의지를 갖기 위해서는 우리의 욕구와 두려움을 버리고 온전히 주님의 손에 우리를 맡겨야 한다. 이렇게 하는 사람은 시온산과 같이 요동하지 않게 된다. 그들의 유일한 소망은 하나님이기 때문에 그들은 결코 흔들리는 법이 없다. 그리고 이 하나님은 모든 것을 가능하게 하신다.

일용할 양식

　　"우리에게 날마다 일용할 양식을 주시옵고"(눅 11:3). 오, 하나님! 여기서 말씀하신 양식은 무엇을 가리킵니까? 확실히 이 양식은 주님의 섭리 속에서 우리 삶의 필요를 위해 공급해주시는 육체를 위한 양식뿐만 아니라 우리 영혼을 위해 주님이 날마다 주시는 진리의 자양분입니다. 이와 같은 양식을 통해 우리는 영양을 공급받고 영원한 삶으로 인도함을 받습니다.

　이 양식은 우리 믿음이 시련을 받을 때 우리 영혼을 자라나게 하며 강건하게 해줍니다. 주님은 우리의 믿음과 자기 부인의 삶을 위해 필요한 모든 것을 가시적으로 또는 은밀하게 우리 영혼에 베풀어주십니다. 여기서 제가 할 일은 오직 이 양식을 받아먹는 일입니다. 그리고 주님이 제게 외부적으로, 그리고 내부적으로 허락하신 쓴 잔들을 희생정신으로 받아 마시는 일입니다. 실로 매일의 삶에서 저에게 일어나는 모든 것이 주님의 손에서 온 것임을 믿고, 그것을 받아 자양분으로 삼는다면 그것은 저에게 일용할 양식이 될 것입니다.

예수님의 형상을 닮아가라

"내가 그리스도와 함께 십자가에 못 박혔나니"(갈 2:20).
사도 바울은 그리스도와 함께 십자가에 못 박힌 것을 기뻐한다. 왜냐
하면 그는 우리가 한 가지 목적만을 위해 하나님으로부터 선택받았
다는 사실을 알았기 때문이다. 그 목적은 십자가에서 주님과 함께 못
박혀 주의 형상으로 빚어지는 것이다. 주님이 그러신 것처럼 우리도
이 세상의 모든 즐거움을 다 버려야 한다. 그리고 주님처럼 우리도
고통 앞에서 변함없는 태도를 견지해야 한다.

십자가는 주님과 연합할 수 있는 것이다. 그러나 주님과 연합할
수 있는 십자가로부터 떨어져 나가기를 원하는 사람은 비참한 존재
이다. 십자가를 포기한다는 것은 곧 십자가에 못 박히신 예수 그리

스도를 포기한다는 뜻이다. 십자가와 예수 그리스도는 결코 분리될 수 없기 때문이다.

그러므로 우리는 모두 주님과 함께 살고 죽어야 한다. 인내와 사랑 안에서 우리의 희생이 완성을 보지 못하면 어떻게 될까 하고 두려워하자. 아, 슬프다! 현재의 삶에서 우리의 모든 노력이 오히려 우리를 세상에 얽매이게 하고, 우리를 십자가로부터 멀어지게 하다니….

예수님은 우리의 모범

"나는 항상 그가 기뻐하시는 일을 행하므로"(요 8:29). 사랑하는 예수님, 주님의 이런 모범적인 행동이 우리를 어디로 이끄는지 깨닫도록 도와주소서. 주님은 하나님 아버지의 기쁘신 뜻만을 따라 행동하셨습니다. 이 아버지는 또한 기꺼이 우리의 아버지도 되어 주셨습니다. 주님이 아버지의 기쁘신 뜻대로 행하신 것처럼 우리 안에서도 그렇게 행하여 주옵소서. 주님과의 온전한 연합을 통해 우리가 주님의 계획과 목적만을 추구할 수 있도록 허락하소서.

크리스천들은 단순히 기도하고, 다른 사람을 가르치고, 다른 사람을 세우는 일만으로는 부족합니다. 음식을 먹거나 잠을 자거나 대화할 때 항상 우리는 하나님의 뜻에 온전히 순종하겠다는 각오가 있어야 합니다. 그렇게 되면 계속적인 희생, 멈추지 않는 사랑, 그리고 쉬지 않는 기도의 삶을 살 수 있게 됩니다.

　오, 하나님! 우리는 언제 이런 경지에 도달할 수 있습니까? 하나님은 하나님 뜻에 따라 우리에게 은혜를 베푸십니다. 이런 하나님 앞에서 우리가 해야 할 몫은 우리 자신을 하나님 보기에 아무것도 아닌 자로 낮추는 일입니다. 주님, 하나님의 선하신 뜻대로 우리의 외형적 행동뿐만 아니라 깊은 내면의 생각까지도 변화시켜 주소서. 실로 하나님의 자비는 우리의 측량을 초월합니다.

연약함을 통한 강함

　　　　"내가 그리스도를 위하여 약한 것들과 능욕과 궁핍과 박해와 곤고를 기뻐하노니 이는 내가 약한 그때에 강함이라"(고후 12:10). 주여, 저는 모든 것을 할 수 있다고 생각했을 때에 아무것도 할 수 없었습니다. 하지만 더 이상 어떤 것도 할 수 없다고 여겨지는 순간 저에게 능력을 주시는 주님을 통해 저는 모든 것을 할 수 있게 되었습니다. 저의 능력 없음이 오히려 축복인 것은 그렇게 되면 저에게 없는 모든 것을 주님 안에서 공급받기 때문입니다(빌 4:13).

　그래서 저는 저의 연약함을 오히려 기뻐합니다. 그것을 통해 저는 세상의 실체에 눈을 뜨고 제 본질을 직시하기 때문입니다. 주님의 손길을 통해 제가 낮아지게 된 것을 저는 축복이라고 생각합니다. 주님이 저를 아무것도 아닌 자로 낮추실 때 그 순간 저는 주님의 놀라운 능력으로 옷 입게 됩니다.

개중에는 낮아지고 비천해진 나를 보고 동정하는 친구들이 있다. 하지만 친구들이여, 너희들이 진정 눈먼 자들이다. 하나님의 사랑 가운데서 고통을 당하는 나를 동정하지 말라. 정작 동정받았어야 했을 때는 내가 타락한 재물이라는 독에 마음이 감염되어 하나님으로부터 멀리 떠나 있었던 지난날이었다.

영생의 말씀

"주여 영생의 말씀이 주께 있사오니 우리가 누구에게로 가오리이까"(요 6:68). 우리는 복음을 충분히 잘 알지 못한다. 그럼에도 복음을 안다고 생각하기 때문에 우리는 복음을 제대로 배우지 못한다. 복음의 가르침에 충분한 이해를 갖지 못하는 탓에 그 정신 속으로 온전히 들어가지 못하는 것이다.

인간의 생각을 탐색하는 일에는 큰 호기심을 가지면서 하나님의 생각을 탐구하는 일은 등한시한다. 복음에 있는 말씀 하나의 가치는 이 세상에 있는 모든 책을 합한 것보다도 더 소중하다. 이유는 복음이 모든 진리의 근원이기 때문이다.

그러므로 우리는 그에 합당한 사랑, 믿음, 경외함을 가지고 복음 안에 있는 예수 그리스도의 말씀에 귀 기울이자! 그리고 이 순간부터 우리는 베드로의 고백처럼 예수님께 "주여 영생의 말씀이 주께 있사오니 우리가 누구에게로 가오리이까"라고 말하자.

십자가의 올바른 사용

"우리가 잠시 받는 환난의 경한 것이 지극히 크고 영원한 영광의 중한 것을 우리에게 이루게 함이니"(고후 4:17). 십자가를 두려워할수록 우리에게는 그 십자가들이 더욱 필요하다는 사실을 깨달아야 한다. 또한 우리의 십자가가 무거우면 무거울수록 더욱더 하나님이 우리를 사랑하신다는 사실을 믿어야 한다. 영적인 병의 심각성은 영적인 의사가 우리에게 제공하는 치료의 강도를 보고 판단할 수 있다.

하나님이 우리를 치료하기 위해 그 어려운 과정을 마다하지 않고 그 엄청난 고통을 감당하신 것을 보면 확실히 우리는 매우 타락한 존재임이 틀림없고, 하나님은 정말로 자비로우신 분이심이 틀림없다. 그러므로 바울이 "우리가 잠시 받는 환난의 경한 것이 지극히 크고 영원한 영광의 중한 것을 우리에게 이루게 함이니"라고 고백한 것처럼 우리는 우리의 십자가들을 사랑과 안위와 믿음의 원천으로 바꾸어야 한다. 울며 씨를 뿌리러 나가는 자는 복이 있다. 이런 사람은 표현할 수 없는 엄청난 기쁨으로 영생의 추수를 가지고 돌아올 것이다(시 126:6).

고통의 축복

"내가 그리스도와 함께 십자가에 못 박혔나니"(갈 2:20). 우리는 구주와 함께 십자가에 못 박힌 자들이다. 우리가 예수님과 함께 십자가에 못 박힐 수 있는 것은 주님의 은혜 때문이다. 예수님과 십자가는 서로 불가분의 관계에 있기에 우리는 이 예수님과 함께 있고자 십자가에 못 박힌 것이다.

오, 고통받으신 예수님의 거룩한 몸이여! 우리 몸은 주님의 몸과 연합하여 하나가 되었습니다. 저에게 주님의 십자가를 주실 때 주님의 자기 부인과 자기 포기의 정신도 함께 주소서! 제가 현재 받는 고통에 마음을 쓰기보다 주님과 함께 고난받음으로 인한 축복을 더욱 생각하게 하소서! 제가 현재 받는 고통 중에 주님이 경험하지 않은 고통이 있습니까? 혹시 주님과 비교할 때 그동안 저는 얼마만큼 고통받았습니까?

겁쟁이 같은 나의 본성이여, 잠잠하라. 주님을 바라보고 부끄러워하라.

주여, 더 이상 고통을 두려워하지 않도록 저에게 사랑의 마음을 주소서! 그러면 비록 저의 본성에 고통스럽고 어려운 고난을 당한다 할지라도 자원하는 마음으로 고통을 감당하게 될 것입니다.

당신을 만족하게 하는
생수를 찾으라

"예수께서 대답하여 이르시되 이 물을 마시는 자마다 다시 목마르려니와"(요 4:13). 이 세대의 불순하고 해로운 물은 마시면 마실수록 우리에게 더욱 갈증을 주고, 우리로 하여금 세상에 더욱더 깊이 빠지게 만든다. 그래서 계속적으로 욕망이 우리 마음속에 끊이지 않게 된다. 우리가 가진 많은 소유는 우리의 욕심만을 더욱 자극할 뿐이다. 인간의 욕망이란 이미 소유한 것에 만족하기보다 소유하지 못한 것으로 인해 더욱 불평하기 때문이다.

세상의 쾌락만을 즐기는 영혼은 계속적인 목마름 속에서 약해진다. 이런 영혼은 타락해져서 결코 만족하는 법이 없다. 그래서 욕망대로 행할수록 더욱더 그 욕망에 사로잡히게 된다. 처음부터 회개하는 마음과 하나님을 위한 불타는 열정으로 자기 마음을 유지하는 것이 쾌락과 방종의 나락으로 내려갔다가 다시 돌아서는 것보다 더 수월하다.

이제 우리 모두 우리 자신을 돌아보자. 우리의 갈증만을 부추기는

물을 마시지 말자. 세상과 그것의 헛된 안락이 우리 안에 들어와 우리의 평화를 깨뜨리지 못하도록 우리 자신의 마음을 주의 깊게 살피자.

그리스도께서 내 안에 산다

"나를 먹는 그 사람도 나로 말미암아 살리라"(요 6:57). 예수 그리스도는 우리 삶의 전부이시며, 우리에게 자양분을 공급해 주시고 교육하며 붙잡아주시는 영원한 진리이시다. 그런데 하나님의 자양분을 먹으면서 우리는 왜 그것을 계속적으로 낭비하는가? 우리의 덕을 성장시키지 못하고, 영적 건강과 힘 안에서 자라기를 거부하며, 거짓에서 살며 마음속에 위험한 욕구를 품고, 진정한 선의 유일한 원천을 즐거워하지 않는 삶이 어떻게 우리 안에서 가능하단 말인가? 과연 이것이 하늘에서 내려온 산 떡을 먹는 크리스천의 삶인가?

예수 그리스도는 오직 우리와 연합해서 몸과 정신 모두가 우리와 함께 하나 되기를 원하신다. 그 이유는 무엇인가? 그렇게 될 때 비로소 주님이 우리 마음속 깊은 곳에서 거하실 수 있기 때문이다. 우리는 우리의 죽을 몸을 통해 그분을 드러내야 한다. 그리고 우리를 통해서 그분의 빛을 비출 의무가 있다. 우리와 그분은 한 몸이기 때문이다. 물론 나는 살고 있다. 하지만 "이제는 내가 사는 것이 아니요 오직 내 안에 그리스도께서" 살고 계신다. 나는 이 세상에 대해서 이미 죽은, 그분의 피조물일 따름이다.

당신의 속박의 끈을 끊으라

"내가 그들을 위하여 비옵나니 내가 비옵는 것은 세상을 위함이 아니요 내게 주신 자들을 위함이니이다. 그들은 아버지의 것이로소이다"(요 17:9). 십자가의 죽음을 앞두고 예수 그리스도는 자신을 고문해 죽이려는 사람들을 위해 기도하셨다. 하지만 세상을 위한 기도는 하지 않으셨다. 그러면 세상 사람들에게 경건하고 정직한 자들로 알려진, 한때 나의 친구들이었던 사람들을 향해 나는 어떤 생각을 가져야 할까?

분명한 점은 예수 그리스도를 박해하고 살해한 자들보다 과거에 내가 친분관계를 맺으며 마음의 문을 열어주었던 그 사람들이 더 주님을 싫어한다는 사실이다. 나의 약점을 지적했던 그 친구들, 실로 하나님을 망각하는 것을 오히려 자랑으로 여기고 종교적인 헌신을 연약함의 표시라 생각하며 모든 크리스천의 의무를 무시하는 자들이었다.

이들에 대해 내가 무엇을 기대할 수 있을까? 하나님의 대적자들과 내가 어울리기를 좋아하고, 하나님을 경외하는 나를 그들이 알까봐 두려워한다면 과연 나는 하나님을 사랑하고 그의 복음을 부끄러워하지 않는다고 말할 수 있을까?

오, 주님! 세상의 소용돌이의 물결 속에서 저를 지켜주소서. 속박의 끈을 끊어주소서. 그래서 사악의 장막에서 멀리 떠나도록 붙잡아주소서. 그리고 주님을 사랑하는 사람들과 연합할 수 있도록 도와주소서!

나를 합당한 자로
만들어주소서

"이는 하나님의 공의로운 심판의 표요 너희로 하여금 하나님의 나라에 합당한 자로 여김을 받게 하려 함이니 그 나라를 위하여 너희가 또한 고난을 받느니라"(살후 1:5). 사랑의 하나님, 저로 하여금 하나님의 평강을 사모하게 하시니 정말로 하나님은 선하십니다. 하지만 제가 그것을 사랑하고 바라는 것만으로는 부족합니다. 저의 교만을 깨뜨려서 그 평강을 받기에 합당한 자로 만들어주소서. 제 몸뿐만 아니라 제 생각도 낮춰주소서. 하나님을 알지도 못하고 사랑하지도 않는 사람들과의 세상적인 우정에서 건져주셨을 때부터 시작했던 저를 향한 하나님의 역사를 완성시켜 주소서. 제 안에 마지막 남은 사납고 수치스러운 흔적을 제거해주소서. 여전히 제 안에 있는 죄의 사슬을 끊으시고 하나님께만 매달릴 수 있도록 새로운 끈을 만들어주소서.

사랑의 하나님, 하나님의 엄청난 사랑을 받기 위해 그동안 제가 하나님을 위해 한 일은 정말 초라합니다. 오히려 저에게 보여주셨던 하나님의 은혜를 발로 밟은 저였습니다. 그리고 저를 향한 하나님의 선한 행동을 배은망덕으로 대했습니다. 제가 하나님 앞에서 내세울 수 있는 것이란 고작 저 자신이 너무나 가련해서 하나님이 그런 저를 불쌍히 여기고 자비를 베푸셨다는 사실입니다.

이런 것을 알고도 저를 방황하게 하는 세상과 저를 구원하고자 하는 주님 사이에서 여전히 제가 주저할 수 있겠습니까? 육신의 질병보다 더 지독한 제 영혼의 병을 치료할 목적으로 저에게 풍부한 사랑을 주신 주님의 십자가를 내가 외면할 것입니까?

오, 주님! 주님의 자비에 저를 맡깁니다. 실로 저는 주님의 영원한 정의의 심판에 저를 맡길 수밖에 없습니다. 주여, 저를 징계하소서. 단련시켜 주소서. 주님의 선하신 뜻대로 제게 행하소서. 저는 주님의 뜻 외에는 다른 어떤 것도 원치 않습니다. 고난 가운데 있을 때도 하나님을 찬양하겠습니다. 그리고 저를 징계하는 손길에 입 맞추겠습니다. 그것을 통해 제가 구원받을 수 있기 때문입니다.

주여, 주님이 저에게 어떤 조치를 내리든 저는 준비되어 있습니다. 그것이 이 세상과의 이별이든, 주님의 복음의 복된 소식을 크게 고백하는 일이든, 아니면 주님과 함께 십자가에서 죽는 일이든 무엇이든지 감수하겠습니다.

은혜의 홍수

"내가 주께만 범죄하여 주의 목전에 악을 행하였사오니"(시 51:4). 저는 주님의 모든 법을 범한 자입니다. 교만, 부주의, 그리고 나쁜 행실로 인해 저는 신앙의 거룩한 요소들을 모두 더럽혔습니다. 심지어 하나님의 거룩한 성령을 거스르기도 했습니다. 실로 언약의 피를 다시 발로 밟았던 저입니다. 한때 제 마음에 파고들었던 하나님의 자비들을 저는 팽개쳐버렸습니다. 주여, 저는 이 모든 악행을 저질렀습니다.

모든 부정한 일을 하나도 남김없이 저질렀지만 그럼에도 저를 향한 하나님의 자비는 여전히 남아 있습니다. 하나님은 자비를 통해 저의 부적격한 모습을 고쳐주시는 일을 오히려 기뻐하십니다. 하나님의 자비는 마치 제방을 넘어 창궐하는 홍수와 같습니다. 저의 그 많은 악을 보시고도 하나님은 오히려 선한 모든 것으로 되갚아 주십니다. 사랑의 주님, 그 많은 죄를 지었던 저에게 스스로를 주셔서 저로 하여금 은혜의 홍수에 잠기게 하시는 주님을 보고도 내가 어찌 의와 거룩함의 화신이신 하나님의 아들과 함께 십자가를 지는 일을 마다할 수 있겠습니까?

주님과 연합하게 하소서

"내가 땅에서 들리면 모든 사람을 내게로 이끌겠노라 하시니"(요 12:32). 주님, 주님은 십자가에서 들리면 모든 사람을 주님께로 인도할 것이라고 약속하셨습니다. 이제 만국 백성이 슬픔의 인자되신 주님을 경배하게 되었고, 많은 수의 유대인이 십자가에 못 박힌 주님을 구세주로 인정하게 되었습니다. 그렇게 해서 전 세계 앞에서 주님의 약속은 성취되었습니다. 그럼에도 주님은 높은 십자가에 여전히 들려서 권능으로 많은 영혼을 주님께로 계속 인도하고 있습니다.

오, 고난의 하나님! 주님은 이 거짓된 세상에서 저를 분리하기 위해 일하고 계십니다. 그리고 저 자신과 저의 헛된 욕망의 사슬에서 떨어져나와 십자가에 있는 주님의 고난에 동참할 수 있도록 역사하십니다.

우리가 주님과 연합할 수 있는 곳은 오직 십자가 위에서뿐입니다. 바로 그 십자가에서 우리는 주님을 알게 됩니다. 그리고 그 십자가 위에서 우리는 주님을 사랑하게 됩니다. 우리가 주님의 진리를 포식할 수 있는 장소는 바로 십자가입니다. 십자가가 없다면 그것은 종교적인 감상주의입니다. 예수여, 저를 주님과 연합하게 하소서! 저를 십자가의 예수 그리스도 몸의 지체로 거두어주소서!

좁은 문

"좁은 문으로 들어가기를 힘쓰라"(눅 13:24). 우리는 힘든 싸움을 통해서만 하나님 나라에 들어갈 수 있다. 우리는 하나님 나라를 공격하듯 그곳으로 습격해 들어가야 한다. 그런데 거기에는 좁은 문이 있다. 그 문을 통과하기 위해서는 낮은 자세로 기어가면서 몸을 최대한 작게 움츠려야 한다.

반면 많은 사람이 지나가는 크고 넓은 문은 멸망으로 인도한다. 우리는 넓은 문으로 이끄는 모든 다양한 길을 경계해야 한다. 실로 세상과 함께 웃고 우리의 길이 달콤해 보이는 바로 그 순간에 우리가 매우 불행한 상태에 있음을 깨달아야 한다. 여기서 만약 불안함을 느끼지 못하는 사람은 영원한 삶에 들어가기에 합당한 자가 결코 아니다.

그러므로 우리는 모두 넓고 편안한 길만을 좇는 무리를 조심하자. 소수의 성자들 발자취를 따라 참회의 가파른 오르막길을 오르고, 땀 흘리며 바위를 넘어가야 한다. 그리고 우리 인생의 마지막 발걸음에는 영원의 좁은 문을 통과하기 위한 또 한 번의 격렬한 분투가 있음을 예상해야 한다.

거룩한 마음

"너희 안에 이 마음을 품으라. 곧 그리스도 예수의 마음이니"(빌 2:5). 영리한 마음, 위대한 마음, 그리고 거룩한 마음 사이에는 큰 차이가 있다. 영리한 마음은 그 매력 때문에 우리에게 즐거움을 선사하고, 위대한 마음은 그 깊이 때문에 우리에게 경탄을 자아내게 한다. 그러나 오직 거룩한 마음만이 불변함과 진실함을 통해 우리를 구원하고 행복하게 만들어준다. 세상의 철학에 당신 생각을 맞추지 말라. 세상이 높이 평가하는 것일수록 오히려 그런 것들을 더욱 신뢰하지 말라.

우리가 마음이라고 부르는 곳은 영특한 사고들을 창출하는 일종의 기관이다. 그러나 한편 그것처럼 공허한 것도 없다. 마치 자신을 아름답다고 여기는 여자가 자기 얼굴을 우상으로 만드는 것처럼 우리는 우리 마음을 우상으로 만들기 쉽다. 자고로 사람의 됨됨이는 그의 생각이 어떤지를 보면 알 수 있다.

사람의 지혜가 아무리 진실하고 유용해 보일지라도 우리는 마음의 거짓된 현란함과 인간적인 지혜의 모든 자취를 거부해야 한다. 어린아이와 같이 단순한 믿음, 솔직함, 그리고 순전함을 소유해야 한다. 그리고 죄에 대해 두려워하고 겸손해야 한다. 또한 어리석게 보이는 십자가 속으로 들어가야 한다.

기쁨의 추수

"눈물을 흘리며 씨를 뿌리는 자는 기쁨으로 거두리로다"(시 126:5). 열매를 추수하려면 씨를 뿌려야 한다. 이 땅의 삶의 목적은 씨를 뿌리는 데에 있다. 그래서 다음 생애에 그 수고의 열매를 누리는 것이다. 하지만 이 땅에 얽매여 있는 우리는 나약하고 참을성이 없어 씨를 뿌리기도 전에 추수하기를 원한다. 또한 우리는 하나님의 인도를 받을 때 하나님이 우리에게 항상 위안을 주고 평탄한 길로 이끌어 주시기를 바란다. 그리고 하나님을 향한 섬김이 우리에게 별로 희생이 되지 않을 때에만 그분을 섬기겠노라고 말한다. 우리의 거만함으로 인해 많은 것을 소망하면서도 정작 고통은 회피한다.

우리 눈은 정말로 어둡다. 이런 우리가 천국이 지금 침노당하며 오직 격렬하게, 그리고 용감하게 스스로를 어거하여 승리를 거둔 영혼만이 천국을 소유할 수 있다는 사실을 과연 깨달을 수 있을까?

우리는 이 땅에서 눈물의 씨를 뿌려야 한다. 지금 애통하는 자는 나중에 복이 있다. 하지만 지금 웃으며 희희낙락하는 자에게는 화가 있을 것이다(눅 6:25). 이 세상에서 위안을 찾는 자에게는 무서운 형벌이 예비되어 있다! 세상의 헛된 기쁨들이 혼돈으로 바뀌게 될 날이 올 것이다. 그때 세상은 울며 애통할 것이다. 하지만 세상에서 울었던 사람들에 대해서는 그날에 하나님이 그들의 눈물을 닦아주실 것이다(계 21:4).

영원한 부요함

"지금 우는 자는 복이 있나니"(눅 6:21). 우리는 "화 있을진저 너희 지금 웃는 자여"(눅 6:25)라고 하신 예수님의 말씀을 듣고도 여전히 웃기를 원한다. 그리고 "화 있을진저. 너희 부요한 자여 너희는 너희의 위로를 이미 받았도다"(눅 6:24)라는 예수님의 말씀 앞에서 우리는 여전히 세상의 풍요함을 계속 추구한다. 또한 예수님이 "지금 우는 자는 복이 있나니"라고 말씀하셨음에도 우리는 여전히 애통해하는 것을 매우 두려워한다.

이 세상에 살면서 우리는 자신의 죄악 된 상태의 위험과 우리 주위에 있는 헛되고 방탕한 모든 것을 보고 애통해야 한다. 그러므로 우리 자신과 우리 주위에 있는 사람들을 위해 울자. 우리 자신의 안팎은 온통 고통, 유혹, 그리고 죄로 덮여 있다. 그리고 세상의 어느 곳에서나 우리는 눈물을 흘릴 수밖에 없는 이유를 발견하게 된다. 사랑받을 가치가 없는 세상을 사랑하는 것은 정말 끔찍한 일이다! 바로 이런 끔찍한 모습이 우리가 애통해야 할 이유이다. 실로 이 세상에서 우리가 할 수 있는 최선은 눈물을 흘리는 일밖에 없다.

덧없는 세상 것들에 대한 욕망을 버리게 하고, 우리로 하여금 중생의 역사를 통해 결코 없어지지 않는 풍부함을 사모하게 하는 하나님의 은혜로 인해 눈물을 흘리는 사람은 복된 자이다!

성숙함에 관해

"주님, 제가 무엇을 하기 원하십니까?" 사도 바울은 자신이 핍박했던 구세주의 은혜로 기적같이 회심하고 새사람이 되었다. 슬프게도 우리는 우리 자신의 불성실, 성급함, 그리고 그분의 일을 망치는 정제되지 못한 감정들로 인해 그동안 주님을 매우 핍박해왔다. 이런 우리를 보고 주님은 시련을 주어 우리를 겸손하게 만들어야 했다. 다시 말해 우리의 교만을 꺾고, 우리의 육신적 지혜를 수

포가 되게 하며, 우리의 과시적인 자만심을 물리쳐야 했던 것이다.

그러므로 이제 우리는 그분께 "주님, 저에게 시키실 일이 무엇입니까? 주님이 말씀하시면 무엇이든지 순종할 준비가 되어 있습니다"라고 말하자. 주저함 없이 이와 같은 고백을 온전히 드리자. 구체적으로 말해야 할 때 실행 가능성이 없는 모호한 약속을 하지 말자. 성 어거스틴의 지적처럼 지금까지 우리는 연약한 의지로 결단을 내리지 못하고 시간을 끌어왔으며, 선을 구하지만 그것을 구현하기 위한 노력은 쏟아붓지 않았다. 성숙을 위해 노력하지 않으면서 성숙만을 원한다면 그것은 희생이 아니다. 우리는 다른 어떤 것보다도 우리 삶에서 하나님의 성숙함과 온전함을 본받기 위해 노력해야 한다.

그러므로 이제 우리 마음을 성찰하고 스스로에게 다음과 같이 자문하자. 내가 가장 강하게 집착하는 인간관계, 나의 뿌리 깊은 습관, 나의 가장 두드러진 성향, 그리고 내가 가장 크게 만족하는 쾌락 등을 하나님 앞에서 과연 나는 희생할 마음이 있는가?

빛나는 믿음의 길

"나는 전능한 하나님이라. 너는 내 앞에서 행하여 완전하라"(창 17:1). 주여, 이 말씀은 하나님이 아브라함에게 하신 말씀입니다. 사실 우리가 하나님의 임재 안에서 동행한다면 진실한 완

전함을 소유하게 됩니다. 물론 우리가 한순간 하나님을 놓칠 때 우리의 완전함은 사라집니다. 하지만 우리 시선이 끊임없이 하나님을 향해 고정되어 있다면 우리는 모든 것을 가질 수 있습니다. 슬프게도 만약 제가 하나님의 모습을 놓친다면 저는 갈 곳을 잃고 말 것입니다. 그래서 목적의식을 잃고 헤맬 것입니다. 발걸음을 내디딜 때마다 시선을 하나님께로 고정한다면 우리는 결코 길을 잃지 않을 것입니다. 이 빛나는 믿음의 길을 걷는다는 것은 정말로 흥분된 일입니다!

오, 빛나는 믿음이여! 오, 사람들을 성숙함과 완전함으로 이끄는 놀라운 시선이여! 오, 하나님! 저의 눈은 항상 하나님만을 바라봅니다. 하나님의 섭리가 항상 저의 주목의 대상입니다. 수많은 업무와 책임, 그리고 심지어 제 마음속에 하나님이 주신 상념 속에서도 제 마음은 항상 하나님만을 주시합니다. 제가 유일하게 바라보는 높으신 하나님께 저는 모든 것을 집중하고 있습니다.

주님께 복종하는 차원에서 제가 다른 것을 생각하는 것도 결국 그 생각을 하나님의 뜻에 일치시키기 위함입니다. 그런 무가치한 것을 더 이상 생각하지 말라고 하신다면 저도 더 이상 미련이 없습니다. 그것들을 통해 제가 주님을 볼 수 없다면 더 이상 저는 그것들을 생각하지 않을 것입니다.

하나님을 향한 진실한 사랑

"하늘에서는 주 외에 누가 내게 있으리요. 땅에서는 주밖에 내가 사모할 이 없나이다"(시 73:25). 온 마음을 다해 우리가 하나님을 사랑한다고 말하지만 종종 그것이 단순히 말치레일 뿐 실제가 아닐 때가 종종 있다. 어린 시절부터 우리는 그와 같이 말하도록 교육받았다. 그리고 장성한 지금도 자신이 한 말의 뜻을 정확히 알지 못하면서 계속 그렇게 말한다.

하지만 하나님을 사랑한다는 것은 그분의 뜻 외에는 다른 생각을 하지 않겠다는 의미이다. 즉 신실하게 그분의 거룩한 법을 준수하겠다는 다짐이다. 그래서 죄를 혐오한다. 하나님을 사랑한다는 것은 예수님이 사랑하신 것, 즉 가난, 겸손, 고난을 사랑한다는 뜻이다. 그리고 예수님이 미워하신 것, 즉 세상, 우리의 교만, 그리고 우리의 정욕들을 싫어한다는 의미이다.

우리가 어떤 사람을 정말 사랑한다면 그를 닮고 싶은 마음을 갖게 될 것이다. 하나님을 사랑한다는 것은 그분과 의도적으로 교제한다는 것을 뜻한다. 그리고 기도 가운데서 그분과 만나기를 원하며, 그분을 그리워하고 사모한다는 의미이다. 사랑한다고 말하면서 그 당사자를 보려고 하지 않는다면 그 사랑은 거짓된 사랑이다!

생명을 주는 고통

"여호와여 내가 수척하였사오니 내게 은혜를 베푸소서"(시 6:2). 사랑의 하나님, 저에게는 하나님의 자비하심을 받기 위해 하나님에게 드릴 것이 아무것도 없습니다. 실로 저에게는 하나님의 자비를 받을 만한 자격이 아무것도 없습니다. 제가 하나님의 도움을 얼마나 필요로 하는지 살피사 도움의 손길을 펼쳐주소서. 저의 부족함을 알고 있습니다. 그리고 그러한 깨달음을 통해 저 자신을 신뢰하지 않기 때문에 오히려 행복합니다. 주님, 주님은 제 육신을 정화하기 위해 고통을 주셨습니다. 그리고 제 영혼을 치료하기 위해 제 몸을 부러뜨렸습니다. 생명을 주는 고통으로 주님은 타락한 쾌락에서 저를 떼어놓으려고 역사하십니다.

육체적인 고난 앞에서 저는 깊은 고통을 느낍니다. 하지만 지난날 영혼이 병들었을 때 저는 오히려 즐거워하며 개의치 않았습니다. 영혼의 병으로 저는 헛된 야망과 타오르는 광포한 감정에 사로잡혀 살았습니다. 그렇게 병들어 있었지만 병들었다고 생각하지 않았습니다. 그 병이 너무나 심각해서 그것을 지각조차 하지 못했던 것입니다. 마치 고열에 시달리는 사람이 자신의 뜨거운 열을 건강한 홍조로 착각하듯 저는 그렇게 저의 병을 생각했습니다. 그래서 지금 제가 깨닫고 있는 병은 축복이 아닐 수 없습니다. 그것을 통해 제 눈이 떠지고 마음이 변화되기 때문입니다!

고난이라는 귀중한 선물

"그리스도를 위하여 너희에게 은혜를 주신 것은 다만 그를 믿을 뿐 아니라 또한 그를 위하여 고난도 받게 하심이라"(빌 1:29). 고난은 정말 귀중한 선물이지만 우리는 그것을 인식하지 못한다. 실로 고난은 성령을 통해 우리 영혼에 부어지는 믿음 못지 않은 귀중한 선물이다. 하나님이 우리에게 고난을 허락하실 때 그것은 그분의 자비하심의 축복된 표시이다.

이런 고난을 우리가 억지로 또는 인내함 없이 받아야 하는가? 그럴 수 없다. 그것은 고난을 당할 때 사탄들이나 행하는 방식이다. 고난을 기쁘게 받지 않는 사람은 그 고통을 통해 오히려 영원한 슬픔을 맛보게 된다. 하지만 고난 속에서 하나님께 복종하는 사람은 그 고통을 무한한 선으로 탈바꿈시킨다.

사랑의 하나님, 저는 평강과 사랑 속에서 고통받기를 원합니다. 하나님의 거룩한 진리를 믿는 것으로는 충분하지 않습니다. 우리는 그 진리를 몸소 실천해야 합니다. 하나님의 진리는 우리에게 고난을 안겨주면서 동시에 그 고난의 가치를 깨닫게 해줍니다.

주여, 시들어가는 제 믿음에 새로운 생명을 불어넣어 주소서. 이전의 성도들이 가졌던 믿음과 인내가 다시 한번 저를 통해 나타나는 것을 다른 사람들이 보게 하소서! 참을성 없는 말이 입술에서 흘러나올 때 고통을 통해 즉시 겸손하게 하여 그것을 고칠 수 있게 하소서.

나의 마음을 붙잡아주소서

"여호와여 내가 압제를 받사오니 나의 중보가 되옵소서"(사 38:14). 주님은 제가 당하는 이 모든 고통을 보고 계십니다. 지금 제 몸은 괴로워 불평합니다. 괴로워하는 몸을 제가 무슨 말로 위로할 수 있습니까? 세상은 제 시선을 사로잡기 위해 아첨합니다. 그런 세상을 제가 어떻게 무시할 수 있습니까? 주여, 무슨 말을 해야 합니까? 슬픕니다. 저는 오직 고난 속에서 침묵하는 수밖에 없습니다.

하나님의 전능하신 말씀으로 저에게 직접 대답해주소서. 한때 저를 유혹했던 거짓된 세상을 치워주시고, 제 연약한 본성 앞에서 제 마음을 붙잡아주소서. 하나님이 저에게 허락하신 고난 때문에, 그리고 아직도 꺼지지 않은 강한 세상적인 욕구들 때문에 지금 저는 심하게 고통받고 있습니다.

주여, 고통받는 저를 돕기 위해 속히 오소서! 저를 세상과 자신에게서 건져내소서. 그리고 고통을 참을 수 있는 인내를 허락하사 이 고통에서 저를 건져주소서.

주의 종이 듣겠나이다

"여호와여 말씀하옵소서. 주의 종이 듣겠나이다"(삼상 3:9). 주여, 저는 고통 가운데서도 잠잠히 있습니다. 고통으로 더 이상 말할 기운이 없는 저는 겸손하고 회개한 심령으로 주님의 말을 듣고자 귀 기울이고 있습니다.

사랑의 하나님, 하나님은 제 상처들을 보고 계십니다. 이 상처들은 하나님이 만드신 것입니다. 저에게 그것들을 가져다준 분은 하나님이기 때문입니다. 저는 고통 가운데서 침묵하고 있습니다. 그리고 침묵 가운데서 하나님을 찬미하고 있습니다. 하지만 다른 한편으로 하나님은 제 슬픔의 한숨을 듣고 계십니다. 제 마음의 신음을 주님은 외면하지 않습니다.

주여, 저는 제 말에 귀 기울이기를 원치 않습니다. 제가 원하는 것은 주님의 말씀을 듣고 그것을 따르는 것입니다.

자비하라

"너희 아버지의 자비로우심같이 너희도 자비로운 자가 되라"(눅 6:36). 타인의 약점을 보고 그를 거칠게 비난하는 것이 과연 정당한가? 다른 사람이 당신을 고통스럽게 한다고 불평하는 사람들이여, 자신은 다른 사람에게 전혀 고통을 주지 않는다고 생각하는가? 이웃의 잘못된 행위에 충격받았다고 하는 사람들이여, 당신은 자신이 완벽한 사람이라고 생각하는가?

당신이 억압하며 괴롭히던 사람들이 갑자기 돌아서서 당신을 억압하며 괴롭힌다면 당신은 너무나 놀라 말문이 막힐 것이다. 이 땅에서 자신을 정당화하는 사람이여, 모든 것을 다 아시고 또한 당신의 세세한 잘못까지 통찰하시는 하나님이 한마디 말씀으로 당신을 잠잠하게 하고 당신의 입을 막을 수 있다는 사실을 왜 알지 못하는가? 당신에게 풍성한 자비를 내려주신 주님이 당신에게 "왜 너는 네가 받은 자비 가운데 조금이라도 네 형제에게 나눠주지 않았느냐?"고 물어보실 것이라는 생각은 왜 한 번도 하지 않는가?

의에 주림

"의에 주리고 목마른 자는 복이 있나니 그들이 배부를 것임이요"(마 5:6). 왜 우리에게는 이와 같은 굶주림과 목마름이 없는가? 왜 우리 영혼은 우리 몸처럼 배고파하거나 갈증을 느끼지 않는가? 식욕을 느끼지 않는 몸은 병든 몸이다. 마찬가지로 우리 영혼을 만족시키는, 하나님으로부터 오는 음식과 음료에 전혀 욕구를 느끼지 못한다면 그것은 우리 영혼이 병들었다는 증거이다.

영혼의 양식은 진리와 의다. 선을 알고 선으로 자신을 채우며, 선으로 우리를 강건하게 하는 것이 우리가 먹어야 할 영적인 양식, 즉 하늘의 양식인 것이다. 그러므로 우리는 손을 벌려 갈급한 자세로 그것을 받아먹으려고 노력해야 한다. 조그마한 빵을 기대하며 서성거리는 가련한 거지처럼 갈급한 자세로 하나님을 바라보자. 그러면서 우리의 약점과 실패를 항상 잊지 말자. 우리의 연약함을 잊는다는 것은 정말 무서운 일이다!

영혼에 영양분을 공급하려는 갈급한 마음과 갈증을 해갈하려는 타오르는 열망을 가지고 말씀을 읽고 기도하자. 하나님으로부터 가르침을 받으려는 끝없는 욕구를 가진 자만이 그분의 법칙 안에서 이루어지는 놀라운 일을 경험할 수 있다. 사람마다 이 거룩한 양식을 얼마나 받느냐는 그가 얼마나 그것을 갈망하느냐에 달려 있다.

타인을 위한 섬김

"인자가 온 것은 섬김을 받으려 함이 아니라. 도리어 섬기려 하고"(막 10:45). 예수 그리스도는 섬김을 받기 위해 오신 것이 아니라 섬기기 위해 오셨다. 실로 타인보다 높은 권세를 가진 사람은 예수님처럼 말할 수 있어야 한다. 이것이 바로 순수한 사역이다. 직책상 우리의 명령을 받는 사람들은 실제로 우리가 섬겨야 할 사람들이다. 우리는 그들의 온전하지 못함을 같이 괴로워하며 부드럽게, 그리고 인내하며 그들이 넘어질 때 일으켜 세워주어야 할 의무가 있다. 그리고 그들이 하나님의 길을 갈 수 있을 때까지 고통 가운데서 기다릴 줄 알아야 한다. 우리는 타인을 위해서는 무엇이든지 되려고 노력해야 하며 스스로 그들을 섬기기 위한 존재라고 생각해야 한다.

또한 정말 필요한 충고의 말을 할 때는 겸손한 자세로 부드럽게 해야 한다. 낙담해서 포기하는 것은 결코 옳지 않다. 대신 우리는 하나님께 그들의 마음을 변화시켜달라고 간구해야 한다. 실제로 그들의 마음이 변화되는 것은 우리가 할 수 있는 일이 아니다. 그러므로 하나님이 당신에게 맡겨주신 자들, 그리고 하나님이 보시기에 당신이 책임을 져야 할 사람들을 대할 때 당신은 자신을 점검해야 한다.

겸손한 마음

"나는 마음이 온유하고 겸손하니 나의 멍에를 메고 내게 배우라. 그리하면 너희 마음이 쉼을 얻으리니"(마 11:29). 우리에게 이와 같은 신적 교훈을 줄 수 있는 분은 오직 하나님의 아들뿐이시다. 사도 바울이 말한 것처럼 예수님은 "그는 근본 하나님의 본체시나 하나님과 동등됨을 취할 것으로 여기지 아니하신"(빌 2:6) 분이다.

주님이 고난을 자처하신 것은 우리를 사랑하셨기 때문이다. 실로 주님은 인간의 손에서 온갖 고초를 모두 당하셨다. 그리고 현재도 여전히 우리를 위해 고난을 감수하신다. 이사야 선지자가 말한 것처럼 주님은 마치 도수장으로 끌려가는 어린양과 털 깎는 자 앞에 잠잠한 양같이 그 입을 열지 않으셨다(사 53:7).

하지만 우리 자신을 돌아보라. 우리는 아주 사소한 문제에 대해서도 불평한다. 그리고 허영심이 강하고 쉽게 깨지며 또한 너무나 예민하다. 겸손이 없는 곳에는 진정한 온유함이 설 자리가 없다. 혹시 있다 할지라도 그것은 오래가지 못한다. 우리 내부를 자신으로 채우는 한 타인의 결점 앞에서 우리 속은 평정심을 잃고 말 것이다.

모든 것을 과분하게 여기는 사람은 결코 비통해 하지 않는다. 그리고 스스로가 부족하다고 생각하는 사람은 타인의 약점에 대해 관용을 베푼다. 성 어거스틴은 성경의 모든 페이지는 "나는 마음이 온유하고 겸손하니 나의 멍에를 메고 내게 배우라"는 이 사랑스러운 위대한 말씀으로 가득 차 있다고 진술한다.

참된 인내

"수고하고 무거운 짐 진 자들아 다 내게로 오라. 내가 너희를 쉬게 하리라"(마 11:28). 예수님의 이 얼마나 달콤하고 부드러운 말씀인가! 예수님은 인류의 모든 짐과 탈진, 그리고 고통을 직접 자신이 담당하겠노라고 말씀하신다.

지극한 사랑의 구세주여, 주님은 진정으로 저의 모든 고통의 짐을 대신 지기를 원하십니까? 주님은 확실히 그 짐을 주님 어깨 위에 올려놓으라고 저를 초대하십니다. 이런 의미에서 실제 제가 당하는 고난은 주님으로부터 쉼을 얻기 위한 수단이라 할 수 있습니다.

주여, 저의 십자가를 주님의 십자가에 올려놓습니다. 저를 위해 그 십자가를 담당해 주십시오. 주님이 갈보리의 십자가를 지셨을 때 기진맥진하여 다른 사람이 대신 십자가를 진 것처럼 저도 지금 탈진하여 쓰러지고 있습니다. 주여, 저는 주님을 좇아 갈보리에서 못 박히기 위해 걸어가고 있습니다. 주님 뜻이라면 주님의 팔 안에서 죽기를 원합니다.

하지만 제 십자가의 무게가 저를 짓누르고 있습니다. 저의 인내는 너무나 초라합니다. 주님이 저의 인내가 되어주소서. 주님이 약속한 은혜를 제게 베풀어주소서. 지금 저는 주님께로 가고 있습니다. 하지만 힘이 없어 더 이상 갈 수 없습니다. 그러므로 이제 주님의 도움과 자비를 받기 원합니다.

참된 평안

"평안을 너희에게 끼치노니 곧 나의 평안을 너희에게 주노라. 내가 너희에게 주는 것은 세상이 주는 것과 같지 아니하니라. 너희는 마음에 근심하지도 말고 두려워하지도 말라"(요 14:27). 우리는 평안을 추구한다. 하지만 모두가 그 평안을 제대로 된 곳에서 항상 발견하는 것은 아니다. 하나님이 이 세상과 다른 것처럼 하나님이 주시는 평강은 세상이 주는 평강과는 다르다. 세상은 평안을 약속하지만 결코 그것을 주지는 못한다. 세상이 주는 것은 순간적으로 지나가는 작은 쾌락에 불과하다. 그리고 그 쾌락은 나중에 우리에게 엄청난 희생을 강요한다.

오직 예수님만이 인류에게 평안을 주실 수 있다. 예수님은 우리를 자신과 화목시키시고, 우리의 정욕을 순종의 도구로 만드신다. 또한 우리의 욕망을 제어하신다. 그분은 없어지지 않을 풍요함의 소망으로 우리를 위로하신다. 그분은 우리에게 성령의 기쁨을 주시고 고통 가운데에서도 내적인 기쁨을 맛보도록 역사하신다. 이 평안을 창출하는 샘은 결코 마르는 법이 없다. 또한 이 샘이 속에서 흐르는 영혼에게는 인간의 더러운 악이 침범하지 못한다. 그 결과 의로운 자들에게는 이 샘은 누구에게도 뺏길 수 없는 귀중한 보물이 된다.

참된 평안은 하나님을 소유할 때만 가능하다. 하나님을 소유한다는 것은 믿음에 따라 행동하고 하나님의 법에 순종할 때만 가능하다. 이와 같은 믿음과 순종은 마음 깊숙한 곳에서 하나님을 향한 순수하고 순결한 사랑이 있다는 증거이다.

그러므로 금지된 모든 것을 청산하고, 모든 불의한 욕망을 제거하자. 당신의 부산한 일들과 염려를 버리라. 오직 하나님만을 갈망하고, 하나님만을 추구하라. 그러면 당신은 세상 가운데에서도 평화를 누리게 될 것이다. 지금 당신의 마음을 심란하게 하는 것은 무엇인가? 가난? 조롱? 실패? 겉으로 드러난 십자가? 아니면 아무도 모르게 속으로 지고 가는 십자가? 우리는 이 모든 것을 오히려 하나님의 손길을 통해 우리에게 베푸신 진정한 호의라고 생각해야 한다. 그렇게 생각하면 세상은 달리 보이게 될 것이고, 그 어떤 것도 당신의 평안을 빼앗지 못할 것이다.

참된 기쁨

"내가 웃음에 관하여 말하여 이르기를 그것은 미친 것이라 하였고 희락에 대하여 이르기를 이것이 무슨 소용이 있는가 하였노라"(전 2:2). 세상은 정신착란에 빠진 환자처럼, 또는 잠자는 사람이 유쾌한 꿈을 꿀 때의 표정처럼 즐거워한다. 또한 세상에서 사람들은 몸부림치며 살아간다. 하지만 그것은 모두 헛된 것이다. 그들이 집착하는 것은 결국 공허한 이상, 지나가는 환영, 또는 덧없는 그림자이기 때문이다. 그런데 사람들은 이런 상태에 있음에도 즐거워한다. 실제로는 아무것도 가지고 있지 않으면서 스스로 많은 것을 소유하고 있다고 자신을 속이기 때문이다.

크리스천인 우리가 이 세상에서 세상의 즐거움을 추구한다면 나중에 죽음에서 부활할 때 우리 자신이 빈손이라는 사실을 깨닫게 될 것이다. 그래서 우리가 누렸던 세상의 기쁨에 대해 수치심을 느끼며 후회할 것이다. 하물며 세상에서 거짓된 위안을 누리며, 참된 위안을 저버렸던 불신자들의 경우는 얼마나 끔찍하겠는가! 이제 우리는 이 세상이 주는 헛되고 덧없는 기쁨에 대해 "왜 너는 나를 그렇게 무례하게 속이려 하는가?"라고 항상 말해야 한다.

우리의 축복된 소망 외에 이 세상에서 우리에게 기쁨을 줄 만한 것은 아무것도 없다. 이 소망에 기초를 두지 않는 다른 모든 것은 일장춘몽에 불과하다.

행복의 눈물

"애통하는 자는 복이 있나니 그들이 위로를 받을 것임이요"(마 5:4). 성 어거스틴에 의하면 애통의 눈물을 흘리는 사람들은 그들의 눈물로 인해 나중에 복을 받는다고 말한다. 이 복은 우리 주위에 있는 세상의 타락, 우리를 둘러싸서 옭아매는 세상의 함정들, 그리고 우리 마음속의 사악함 앞에서 우리가 고통을 느끼고 슬퍼하는 데서 찾아온다.

우리가 하나님의 사랑을 잃어버리지 않을까 두려워하고, 좁은 길에서 벗어나지 않기 위해 조심하게 되는 것은 하나님이 주신 은혜의 선물 덕분이다. 하나님의 이 선물은 우리가 이 세상에서 누리는 선한 유업이다. 자신의 소유를 모두 버려야 하고, 심지어 자기 자신까지 부인해야 할 때 사람은 당연히 웃을 수 없다. 우리 안에 소유한 모든 것이 허영심, 타락, 수치, 하나님에 대한 망각과 반항임을 알

때 사람은 슬퍼해야 한다.

그러므로 이제 우리 모두 하나님의 거룩한 빛 아래서 우리 자신과 다른 사람을 보며 애통하자. 우리 모두 애통하자. 우리의 애통은 오히려 하나님의 마음을 기쁘게 할 것이다. 그분이 바로 우리 안에서 애통함을 불러일으키시는 장본인이기 때문이다. 우리의 눈물은 하나님의 사랑 때문에 나오는 것이다. 이처럼 애통하게 되면 나중에 우리는 복을 받게 된다. 그때 하나님이 직접 찾아오셔서 우리의 눈물을 닦아주실 것이다.

진정한 영광

"무릇 자기를 높이는 자는 낮아지고 자기를 낮추는 자는 높아지리라"(눅 14:11). 우리는 모두 존귀해지기를 원한다. 그러므로 존귀함을 진정으로 얻을 수 있는 곳을 추구하라. 다시 말해 영원히 지속되는 높은 곳을 갈망하라. 실로 하나님의 아들과 영원토록 통치하며 영원히 그분과 함께 높은 보좌에 같이 앉고자 하는 소원은 진정으로 경탄할 만한 야망이다!

겨우 사람들 사이에서 이름을 내고자 하는 야망은 정말로 유치한 질투에 지나지 않는다. 그렇게 하는 사람은 물론 평판을 얻겠지만 그것은 바람에 휘날리는 연기만큼도 지속되지 못한다. 진정한 친구도 아니면서 친구라고 말하는 사람들과 교제하고 헛된 외형에 집착하는 행동이 과연 우리가 고난을 감수하면서까지 추구할 일인가?

이제 진실로 위대한 것을 사모하자. 진실로 위대한 것은 오직 이 세상에서 우리가 겸손할 때만 발견할 수 있다. 하나님은 먼저 이 세상에서 우리의 교만에 손을 대신다. 그래서 우리에게 시기, 비난, 비방을 허락하고 말할 수 없는 좌절을 겪게 하신다. 그렇게 해서 마침내 하나님은 우리를 영원히 겸손하게 만드신다.

이 땅에서 타인의 시선에 아랑곳하지 않고 겸손하게 잊혀지기를 원하며, 오히려 세상의 칭송을 두려워하는 사람은 이 세상에서도 이미 존귀함을 받게 될 것이다. 그리고 나중에 그는 그처럼 헛된 영광에 관심을 두지 않은 대가로 영원한 영광을 상급으로 받을 것이다.

주인으로부터 배움 I

"나는 마음이 온유하고 겸손하니 나의 멍에를 메고 내게 배우라. 그리하면 너희 마음이 쉼을 얻으리니"(마 11:29). 오, 하나님! 하나님의 발밑에 앉아 하나님의 가르침과 판단을 듣기 원합니다. 하나님은 여기에 임재하고 계십니다. 그리고 하나님의 은혜로 저를 이곳으로 이끌어 주셨습니다. 저는 오직 하나님의 말씀에만 귀 기울이고 있습니다. 오직 하나님만을 신뢰합니다.

주여, 저는 주님을 예배합니다. 제 마음은 오직 주님만을 사랑하며, 주님만을 갈망합니다. 주님 앞에서 저를 낮추는 일은 정말 큰 기쁨이 아닐 수 없습니다. 오, 영원한 주재이시여! 주님의 손에서 모든 것을 받고, 저 자신을 지체 없이 포기하기 위해 지금 주님께 옵니다.

오, 하나님! 주의 성령을 보내주소서! 주의 성령이 저의 영이 되게 하사 저의 생각과 영이 영원히 없어지게 하소서! 사랑과 진리의 성령께 저를 맡깁니다. 성령께서 오늘 저를 비추어 마음이 온유하고 겸손하도록 가르쳐주소서!

오, 예수님! 주님은 저에게 온유함과 겸손함을 가르쳐주시는 분이십니다. 주님 외에 다른 사람이 그것을 가르친다면 실망하고 말 것입니다. 이 세상은 온통 불완전함과 교만으로 가득 차 있기 때문입니다. 그러므로 저를 가르쳐주실 분은 오직 주님밖에 없습니다. 주님, 말씀하소서. 주의 종이 듣겠나이다.

주인으로부터 배움 II

"이는 그 가르치시는 것이 권위 있는 자와 같고"(마 7:29). 선하신 우리 선생이시여, 주님은 몸소 모범을 보이며 우리를 가르치기 위해 낮은 이곳에 오셨습니다. 놀라운 권세를 가진 분이시여! 여기서 저의 일은 침묵하며 예배하고, 주님께 저 자신을 융화시키고 주님을 따라 행동하는 일입니다.

하나님의 아들이 인간 사이에 거하기 위해 천상에서 내려오셔서 흙으로 만든 육신의 몸을 입고 십자가에 돌아가셨습니다. 이 모든 것은 저로 하여금 교만에 대해 수치심을 갖도록 하기 위함이었습니다. 모든 것이 되셨던 분이 스스로를 낮추어 아무것도 아닌 존재가 되셨던 것입니다. 하지만 실제로 아무것도 아닌 저는 마치 모든 것이 된 것처럼 행동하기 원하고, 적어도 사람들이 그렇게 믿어주기를 바랍니다. 이 얼마나 가증스러운 위선입니까! 그리고 얼마나 어리석은 짓입니까! 실로 뻔뻔한 허영이며 주제넘은 행동입니다!

과연 누가 감히 주님의 모범을 따르지 않아도 된다고 말할 수 있겠습니까? 감히 천하고 천한 인간이 어떻게 그럴 수 있습니까? 주님의 정의로 마땅히 형벌받아야 하는, 은혜도 모르는 죄인이 어떻게 감히 그런 말을 할 수 있습니까?

그럼에도 주님, 주님은 저에게 "온유하고 겸손하라"고 말씀하지 않으시고, 스스로 주님이 온유하고 겸손하다고 말씀하셨습니다. 주님의 이런 인격을 체험한 사람은 주님을 닮을 수밖에 없습니다.

"나는 마음이 온유하고 겸손하니 나의 멍에를 메고 내게 배우라. 그리하면 너희 마음이 쉼을 얻으리니"(마 11:29). 사랑의 하나님, 주님은 온유하면서 겸손하십니다. 겸손은 진정한 온유함의 근원이기 때문입니다. 교만은 항상 거만한 눈으로 참지 못하며 화를 냅니다. 하지만 선한 믿음 안에서 자신을 낮추는 사람은 타인의 무시를 쉽게 용납합니다. 자신의 몫은 아무것도 없다고 믿는 사람은 결코 자기가 부당한 대우를 당했다고 생각하지 않습니다.

우리가 본성을 따라 행동한다면 진정한 온유함을 가질 수 없습니다. 대신 무기력한 태도나 교묘한 속임수가 그 자리를 차지하게 될 것입니다. 다른 사람에게 온유하기 위해서는 먼저 우리 자신을 내려놓아야 합니다.

더 나아가 사랑의 주님, 주님은 "나는 마음이 온유하고 겸손하다"고 말씀하셨습니다. 겸손은 자신을 단지 마음속으로 낮추는 것이 아닙니다. 그것은 진정한 소원을 가지고 하나님께 영광을 돌리기 위해서 겸손함에 순응하고 겸손을 사모하고자 하는 의지에서 나오는 것입니다. 다시 말해 우리의 가련한 상태를 보고 오히려 즐거워하며 하나님 앞에서 자신을 낮춰서 오직 그분으로부터만 치유함을 받으려고 할 때 진정한 겸손이 잉태되는 것입니다. 우리 자신의 가련함만을 보고 현 상황에 실망한다면 결코 겸손해질 수 없습니다. 그렇게 되면 오히려 마음속에 교만이 싹터서 낮아지려고 하지 않을 것입니다.

마지막으로 사랑의 구주여, 주님은 겸손할 때 제 영혼이 안식을 얻을 수 있다고 약속하셨습니다. 하지만 슬프게도 그동안 저는 그 약속에서 떠나 방황했습니다. 그래서 그와 같은 평강을 얻지 못했습니다. 어리석고 성난 감정 속에서 평강을 찾으려 했고, 허영된 저의 교만한 생각으로 그것을 얻으려 했습니다. 실로 교만은 평강과 양립할 수 없습니다. 교만은 항상 자신이 가질 수 없는 것을 바라봅니다. 그리고 자신이 마치 대단한 존재인 양 행세합니다. 이처럼 끊임없이 머리를 드는 교만을 하나님은 항상 대적하십니다. 주님은 그런 우리의 교만을 낮추기 위해 우리가 타인의 시기와 반박을 당하도록 허락하십니다. 또한 우리가 우리의 실수를 보게 해서 깨닫게 하십니다.

"저주받은 교만이여, 너는 결코 하나님의 자녀들이 소유한 단순하고 소박한 평강을 누리지 못할 것이다."

하나님께 헌신

"누구든지 스스로 경건하다 생각하며 자기 혀를 재갈 물리지 아니하고 자기 마음을 속이면 이 사람의 경건은 헛것이라" (약 1:26). 경건이라는 이름이 사람들 사이에서 너무 많이 남용되고 있다. 어떤 이들은 경건을 단지 자신이 드린 수많은 기도를 가리킨다고 생각한다. 또 어떤 사람들은 경건을 하나님의 영광과 이웃의 구제를 위한 수많은 외형적 봉사로 이해한다. 그리고 다른 사람들은 경건을 구원을 향한 지속적인 열망이라고 생각한다. 그 밖에 경건을 금욕생활과 동일시하는 사람들도 있다.

이와 같은 정의들은 나름대로 일리가 있다. 사실 어느 정도 그런 것들은 필요하다. 그러나 하나님에 대한 진정한 헌신이 단지 경건의 연습에만 있다고 생각하는 것은 잘못이다. 하나님을 향한 참된 헌신은 장소나 상황에 구애받지 않고 하나님이 기뻐하시는 뜻을 행하고 하나님이 우리에게 원하시는 모든 것을 성취하는 것을 의미한다.

할 수 있는 한 사람들에게 친절히 대하라. 그리고 원하는 만큼 눈부신 일을 사람들에게 행하라. 하지만 결국에 가서 당신의 상급은 주권자이신 주님의 뜻을 얼마나 수행하느냐로 평가될 것이다. 만약 당신의 하인이 당신의 집에서 놀라운 일들을 행할지라도 당신이 시키는 일을 하지 않는다면 당신은 하인의 그 놀라운 일을 달가워하지 않을 것이다. 오히려 당신은 그 하인이 당신을 잘 섬기지 못한다고 불평할 것이다.

온전한 헌신은 하나님의 뜻을 행할 뿐만 아니라 그분의 뜻을 사랑의 마음으로 행하는 것이다. 하나님은 우리가 자원하는 마음으로 그분께 우리 자신을 드리기를 원하신다. 하나님은 항상 우리에게 무슨 일을 요구하실 때 우리 마음까지도 함께 요구하신다. 실로 하나님은 우리가 기쁨으로 드리는 섬김을 받으시기에 합당한 분이다.

하나님께 순종

"너희가 즐겨 순종하면 땅의 아름다운 소산을 먹을 것이요"(사 1:19). 하나님을 향한 우리 헌신에 중단이란 있을 수 없다.

우리는 어디에서나 헌신을 연습해야 한다. 하고 싶지 않고 우리의 평온을 방해한다 해도, 그리고 우리 견해와 성향, 또는 계획과 반대될지라도 우리는 헌신을 연습해야 한다. 진정한 헌신은 우리가 우리의 안녕, 재산, 시간, 자유, 명예, 생명 등 모든 것을 하나님께 드리도록 유도한다. 이렇게 우리 자신을 기꺼이 드리는 것, 그리고 그 결과를 수용하는 것이 참된 경건이다.

그럼에도 종종 하나님의 뜻을 우리가 모를 수 있다. 그러므로 우리는 자기를 죽이는 자기 부인의 단계로 한 계단 더 올라가야 한다. 이 자기 부인은 순종을 통해 하나님의 뜻을 성취하려는 태도이다. 한마디로 맹목적인 순종이다. 하지만 이 순종 안에는 지혜가 숨어 있다. 이와 같은 순종의 상태를 하나님은 모든 사람에게 요구하신다. 가장 탁월한 지성을 소유한 남자나 여자, 그리고 다른 사람들을 하나님께 인도하는 일에 재능이 있는 사람일지라도 이와 같은 하나님의 요구를 깨닫고 순종할 필요가 있다.

인내로 받아들임

"너희의 인내로 너희 영혼을 얻으리라"(눅 21:19). 인간 영혼의 특성은 인내한다는 데에 있다. 우리 영혼은 불평 없이 인내함으로 순종할 때 평안을 누릴 수 있고, 하나님의 통치 아래 들어

갈 수 있다. 참지 못한다는 것은 우리 소유가 아닌 것을 갖기 원하고, 이미 소유한 것을 더 이상 원하지 않는다는 뜻이다. 그렇게 되면 우리 영혼은 감정에 사로잡히게 되어 이성과 믿음이 더 이상 기능하지 못하게 된다. 그래서 우리 영혼은 곤경에 빠진다. 이 얼마나 연약한 모습인가! 실로 정도에서 벗어난 결과이다.

영혼의 질병은 우리에게 고통을 가져다준다. 그런데 문제는 그런 영혼의 질병을 우리가 갈망한다는 것이다. 우리에게 그것은 더 이상 질병이 아니다. 이런 상태에서 괜히 우리 중에 누가 영혼의 질병에 대한 욕망을 거부하고 그 현실을 직시하려고 하겠는가?

내적인 평안은 육체가 아니라 의지의 문제이다. 혐오스러운 상황 앞에서도 우리 의지를 굳게 세우고 하나님께 계속 순종한다면 아무리 극렬한 고통 가운데 있을지라도 우리는 평안을 누릴 수 있다. 이 세상에서 진정한 평안은 모든 유혹에서 구원받거나 우리의 욕망과 대치되는 것들을 제거함으로써 생기는 것이 아니다. 오히려 평안을 얻는 길은 우리의 욕망과 반대되는 것들을 그대로 받아들이는 데에 있다.

기도에 관하여

"오직 믿음으로 구하고 조금도 의심하지 말라. 의심하

는 자는 마치 바람에 밀려 요동하는 바다 물결 같으니"(약 1:6). 우리는 하나님을 의지해야 하는 존재이기 때문에 그분을 위해 일해야 할 뿐만 아니라 일을 할 때도 그분을 통해서, 그리고 그분을 위해서 해야 한다. 그렇지 않으면 우리는 아무것도 이룰 수 없다. 그러므로 우리는 그분을 기쁘시게 할 수 있는 방법이 무엇인지 가르쳐달라고 하나님께 간구해야 한다. 우리의 모든 필요를 위해 그분께 나아가는 일은 결코 귀찮은 것이 아니다. 그것은 행복한 필수품으로써 우리 마음에 전적인 위로의 근원이 된다. 그분을 신뢰하며 그분과 이야기할 수 있다는 것, 또한 그분께 마음을 열 수 있다는 것, 그리고 기도 가운데 그분과 하나 될 수 있다는 것은 얼마나 큰 축복인가!

성자 싸이프리언(Cyprian)이 말했듯이 하나님이 우리에게 구하라고 명하신 것들을 하나님이 과연 우리에게 허락하시는지 지켜보자. 또한 사도 야고보의 말처럼 의심이나 주저함으로 인해 기도의 열매를 맺지 못하는 잘못을 범하지 말고, 대신 흔들리지 않는 자세로 신실하게 기도하자. 기도 속에서 사랑의 하나님의 임재를 경험함으로써 위로받는 영혼은 복이 있다!

천국을 위한 기도를 지루하게 여기는 사람은 정말 불행하다. 미지근한 기도는 우리의 다른 모든 불성실의 원인이 된다. 그러므로 야고보의 다음 말을 기억하자. "너희 중에 고난당하는 자가 있느냐. 그는 기도할 것이요"(약 5:13).

문 두드리기를 멈추지 말라

"내가 또 너희에게 이르노니 구하라. 그러면 너희에게 주실 것이요. 찾으라. 그러면 찾아낼 것이요. 문을 두드리라. 그러면 너희에게 열릴 것이니"(눅 11:9). 단지 구하기만 해도 세상의 모든 부를 얻을 수 있다면 우리는 굉장한 열정으로 피곤하지도 않은 채 오랫동안 참으며 구할 것이다. 보물을 찾기 위해 단지 땅을 파기만 하면 된다면 사람들은 실로 엄청나게 많은 땅을 팔 것이다. 왕의 비밀회의에 참여하고 높은 영광의 위치에 오를 수 있는 길이 오직 문을 두드리는 일이라면 우리는 더 공들여 문을 두드릴 것이다.

하지만 우리는 축복과 행복을 찾을 수 없는 곳에서 그것들을 찾으려 온갖 수고를 한다. 세속의 영광이라는 환영을 잡기 위해 얼마나 많은 거절과 좌절을 감내하는가! 후회밖에 남을 것이 없는 공허한 쾌락을 위해 얼마나 많은 고통을 감수하는가!

하나님의 은혜의 보화만이 참으로 값진 보물이다. 그러나 우리는 그 보화를 구하지 않는다. 그 보화를 얻기 위해 문을 두드리는 일을 멈추지 말라! 예수님의 약속은 언제나 신실하다. 신실하지 못한 것은 그 약속을 제대로 구하지 못한 우리이다.

바른 음성에 귀 기울이라

"시몬 베드로가 대답하되 주여 영생의 말씀이 주께 있 사오니 우리가 누구에게로 가오리이까"(요 6:68). 우리가 귀 기울여 야 할 분은 오직 예수 그리스도밖에 없다. 다른 사람을 경청해야 할 때에는 그들이 예수님의 진리와 권위로 가득 차 있는 만큼만 귀 기 울이고 신뢰해야 한다. 일반 책들도 오직 복음의 좋은 소식을 가르 쳐주는 한도 안에서만 유익하다. 결국 우리는 그 거룩한 원천 속으 로 들어가야 한다.

공생애 동안 예수 그리스도께서 하신 말씀과 행동은 우리로 하 여금 그분의 말씀을 듣고 그분의 생애를 주의 깊게 연구하도록 하는 데에 그 목적이 있었다. 그러나 현재의 우리는 정말 어리석다! 우리 에게 영생의 진리를 주신 그분과 그분의 말씀은 무시하고 헛되고 열 매 없는 우리 자신의 상념을 추구하고 있으니 말이다.

태초부터 계셨으며, 인간의 형상을 입고 우리에게 오신 거룩하 신 말씀이시여, 이제 말씀하소서. 제 영혼으로 하나님의 말에 귀 기 울이게 하소서. 하나님이 말씀하고자 하시는 모든 말씀을 들려주소 서. 저는 하나님이 기뻐하시는 뜻이 무엇인지 모두 알기 원합니다.

우리에게 기도하는 법을
가르쳐주소서

"주여… 우리에게도 가르쳐 주옵소서"(눅 11:1). 주여, 저는 하나님에게 무엇을 구해야 할지 알지 못합니다. 오직 하나님만이 제게 무엇이 필요한지 아십니다. 제가 저를 어떻게 올바로 사랑할 수 있을지는 저보다 하나님이 더 잘 알고 계십니다. 오, 아버지여! 하나님의 자녀인 저에게 알지 못해 구하지 못한 것을 주시옵소서. 저는 십자가의 고난이나 위로받는 일을 감히 구할 수 없습니다. 제가 할 수 있는 전부는 저를 하나님께 드리는 일입니다.

주여, 저는 하나님께 제 마음을 엽니다. 저의 필요를 돌아보소서. 저는 그것이 무엇인지 알지 못합니다. 그 필요를 보시고 하나님의 자비하심에 따라 행동해주소서. 저에게 고통을 주시든 치료하시든, 저를 천한 곳으로 내려가게 하시든 높이시든, 심지어 그것이 무엇이든 나를 향한 하나님의 뜻을 저는 찬미할 것입니다.

저는 침묵하며 저 자신을 하나님께 전적으로 바치겠습니다. 하나님의 뜻을 수행하는 일 외에는 어떤 욕구도 더 이상 갖지 않을 것입니다. 저에게 기도하는 법을 가르쳐 주옵소서. 또한 주님이 제 안에서, 그리고 저를 통해서 기도하여 주옵소서.

하나님의 뜻을 행하기

"이를 행하라. 그러면 살리라"(눅 10:28). 사람들은 도덕적 삶의 진보를 위해 자신들이 무엇을 해야 하는지 알고 싶다고 말한다. 하지만 막상 하나님의 성령이 그들에게 할 일을 보여주시면 그것을 수행할 용기가 없는 경우를 종종 볼 수 있다.

우리는 우리의 현재 모습이 마땅히 이루어져야 할 모습에 아직도 미치지 못하다는 사실을 강하게 자각한다. 그러면서 단지 "우리 자신에게서 해방되고 싶다"고만 고백함으로써 모든 의무를 다했다고 여긴다. 단순히 하나님을 따르겠다고 말하면서 실제로 하나님과 동행하는 삶을 가로막는 장애물을 청산하지 않는다면 그것은 공허한 구호이다. 더 이상 두 마음을 품는 불의한 태도로 진리를 왜곡하는 일을 그만두자.

이제 하나님이 우리 안에서 영감을 주시는 음성에 귀를 기울이자. 그리고 우리 안에서 움직이는 영이 하나님에게서 왔는지 시험해 보자. 그리고 하나님의 영임을 깨달은 후에는 하나님을 기쁘시게 하기 위해 그 음성에 순종하자. 시편 기자는 단순히 하나님의 뜻이 무엇인지 가르쳐달라고 기도하지 않았다. 그는 하나님께 "나를 가르쳐 주의 뜻을 행하게 하소서"(시 143:10)라고 간구했다.

세상의 지혜

"육신의 생각은 사망이요"(롬 8:6). 복음서에서 예수님의 말씀처럼 세상 사람들은 약삭빠르고 영리하며 종종 그들은 하나님의 사람들보다 더 많은 지혜를 가지고 있다. 하지만 세상의 지혜는 겉으로는 눈부시고 아름답게 보일지라도 아주 무서운 결함을 가지고 있다. 즉 이 세상의 지혜는 그것을 잣대로 삼고 사는 사람들에게 사망을 가져다준다는 것이다. 난해한 논리와 교묘함으로 가득 찬 세상의 지혜는 항상 단순하고 명료한 하나님의 지혜를 대적한다. 세상적으로 지혜로운 사람은 자신들이 파놓은 함정에 빠져 있는 자와 같기 때문에 그들의 재능은 결국 그들에게 아무런 유익도 끼치지 못한다.

사도 야고보는 그런 지혜를 "땅 위의 것(세상적)이요 정욕의 것이요 귀신의 것"(약 3:15)이라고 명시했다. 세상적이라 함은 그 지혜가 오직 세상의 물질을 얻고 소유하는 데만 관심을 갖기 때문이다. 정욕의 것이라 함은 그것이 사람들의 정욕에 불을 붙여 육감적인 쾌락의 나락으로 떨어뜨리기 때문이다. 마지막으로 귀신의 것이라 함은 그 지혜가 단순히 사탄의 영악함뿐만 아니라 사탄의 사악한 의도를 보여주기 때문이다.

세상적 지혜를 가지고 사는 사람들은 실제로 자신을 속이고 있으면서도 그들이 타인을 속이고 있다고 착각한다.

시간의 소중함

　　"그러므로 우리는 기회 있는 대로 모든 이에게 착한 일을 하되 더욱 믿음의 가정들에게 할지니라"(갈 6:10). "밤이 오리니 그때는 아무도 일할 수 없느니라"(요 9:4). 시간은 소중한 것이지만 우리는 그 시간이 얼마만큼 소중한지 여전히 깨닫지 못한다. 그래서 더 이상 그 시간을 사용할 수 없을 때 비로소 우리는 그 가치를 알게 된다. 우리와 친분을 가진 사람들은 마치 시간이 아무것도 아닌 양 우리에게 시간을 요구한다. 그리고 우리는 그런 사람들에게 아무것도 아닌 것처럼 시간을 내준다. 그래서 종종 막상 스스로 시간을 책임지며 관리해야 할 때는 어떻게 해야 할지 몰라 당황한다. 실로 15분의 시간이 온 세상의 부귀보다 더 귀중할 때가 있다.

　　모든 면에서 자비하시고 관대하신 하나님은 자신의 지혜로운 섭리의 경륜 속에서 우리에게 지혜로운 시간 관리법을 가르쳐주신다. 그분은 우리에게 결코 동시에 두 순간이 겹치도록 허락하지 않으신다. 첫 번째 순간이 지나가기 전에 그다음 두 번째 순간이 오는 경우는 절대로 일어나지 않는다. 그리고 그 두 번째 순간이 일어날 때도 하나님은 자기 손으로 그다음 시간을 잠시 지체하게 하여 다음에 어떤 순간이 찾아올지 우리가 모르도록 섭리하신다. 시간은 우리로 하여금 영원을 준비하기 위해 주어진 것이다. 만약 이 세상에서 우리가 시간을 허비한다면 나중에 그것을 오랫동안 후회할 때 영원이라는 긴 시간도 충분하지 않을 것이다.

시간 사용에 관해

　　"그런즉 너희가 어떻게 행할지를 자세히 주의하여 지혜 없는 자같이 하지 말고 오직 지혜 있는 자같이 하여 세월을 아끼라. 때가 악하니라"(엡 5:15-16). 우리 마음과 시간이 하나님께 모두 드리기에는 너무 많다고 생각하는 것은 오산이다. 사실 하나님은 자신을 섬기고 사랑하라고 우리에게 마음과 시간을 주셨다. 그러므로 우리는 그것들을 남김없이 모두 그분께 드려야 한다. 우리가 위대한 일을 항상 할 수 있는 것은 아니다. 하지만 적어도 우리 삶의 상태에서 적합한 일을 할 수 있다. 외형적으로 어떤 일을 하지 못할지라도 불평하지 않고, 고난당하며 기도할 때 이미 우리는 많은 것을 행하는 셈이다.

　자신의 재난, 실패, 불평, 그리고 혼란스러운 생각을 하나님께 아뢰는 일, 병자를 위로하고 실의에 빠진 영혼을 격려하는 일, 타인의 고통을 막아주고 가르침을 필요로 하는 자를 교육하는 일 등, 이 모든 것은 영원을 얻고자 하는 데에 어느 정도 도움은 된다.

　그러나 진정으로 영원을 얻기 위해서는 본문의 사도 바울의 말처럼 세월을 아껴야 한다. 이 말은 과도한 오락을 삼가고 타인과의 지나친 교류를 멀리해야 함을 뜻한다. 우리는 타인을 돌본다는 명목으로 우리의 알량한 자존감을 치켜세우기 위해 타인에게 우리 마음을 주는 일을 자제해야 한다. 그리고 우리 생각을 혼란스럽게 하는 타인과의 대화를 멀리해야 한다. 그렇게 될 때 비로소 우리는 더욱 부지런히 하나님의 일에 자유롭게 몰두할 수 있게 된다. 하나님께 기도와 예배의 훈련에 성실하겠다고 약속하라.

세상을 피하기

　　"그러나 내게는 우리 주 예수 그리스도의 십자가 외에 결코 자랑할 것이 없으니 그리스도로 말미암아 세상이 나를 대하여 십자가에 못 박히고 내가 또한 세상을 대하여 그러하니라"(갈 6:14). 조용한 종교적 은신처에 있다고 세상을 피한 것은 아니다. 그런 곳에서도 여전히 우리는 세상의 언어로 말한다. 즉 세상의 감정과 호기심을 버리지 못하는 것이다. 그래서 여전히 명성과 타인과의 우정을 추구한다. 그리고 대우받기를 원한다. 또한 스스로에 대해 교만한 마음을 떨쳐버리지 못하며 여전히 작은 수치 앞에서도 크게 화낸다.

　우리는 세상을 잊어버리길 원한다고 말한다. 하지만 우리 마음 깊은 곳에는 세상이 우리를 잊지 않기를 원한다. 실로 예수 그리스도와 세상 사이에 중간에 서서 행동하는 사람은 진정한 구도자라고 말할 수 없다. 사도 바울의 말처럼 단지 세상이 우리에 대하여 죽은 것만으로는 충분하지 못하다. 우리도 세상에 대해서 죽어야 한다.

나중 된 자가
먼저 될 것이다

"보라. 나중 된 자로서 먼저 될 자도 있고 먼저 된 자로서 나중 될 자도 있느니라"(눅 13:30). 많은 사람이 평범하고 일상적인 삶을 살면서 그리스도 안에서 성숙한 삶을 실행으로 옮긴다. 한편 그리스도의 선택된 신부가 되고자 서약했던 사람 중에 많은 이가 하나님 은혜의 소낙비를 맞으며 하나님의 초대로 하늘의 만나를 맛보았음에도 나약함과 성숙하지 못함으로 인해 시들한 삶을 산다.

또한 수년 동안 하나님을 멀리 떠나 방황하며 복음에 귀 기울이지 않았던 많은 죄인이 일순간 진지하고 열정적인 회개를 통해 이전의 삶을 청산하고 돌아선다. 이들은 종종 아주 젊은 시절부터 성령의 은사를 맛보고 하나님의 달콤한 축복을 체험했던 사람들보다 더 고상한 삶을 산다. 이렇게 나중 된 자들이 승리의 화관을 얻어 먼저 된 자들의 귀감이 된다는 것은 정말 아름다운 광경이 아닐 수 없다.

하지만 먼저 된 자들의 편에서는 자신들이 나중 되고, 한때 모범이 되었던 자신들이 그렇지 못한 사람들보다 오히려 뒤처진 것을 보고 큰 고통을 느끼게 된다. 실로 잠시 한눈판 사이에 자신의 화관을 잃게 될 때 그 고통은 말로 형용할 수 없을 것이다.

하나님의 일만 항상 해야 하는 우리가 종종 방탕함과 헛된 생각으로 세상적인 이익에 애착을 갖는 경우를 종종 볼 수 있다. 이런 상황에서 세상에 살면서도 세상에 대한 애착을 끊고 겸손함을 유지하며 한 점 부끄러움 없이 고요하고 경건한 삶을 사는 사람들을 보면 나는 그들에게서 시선을 뗄 수가 없다.

하나님이 허락하시는 것

"아들이 이르되 아버지 내가 하늘과 아버지께 죄를 지었사오니 지금부터는 아버지의 아들이라 일컬음을 감당하지 못하겠나이다 하나"(눅 15:21). 호통치며 불평하는 사람들을 보면 마치 그들이 이 세상에서 가장 죄 없는 사람들인 것 같다. 그들은 자신이 부당한 대우를 받아 마땅히 들어가야 할 에덴동산으로 들어가지 못한 듯이 행동한다. 하지만 모든 사람은 하나님을 대적하며 행했던 일을 기억해야 한다. 그리고 하나님의 판결이 옳음을 인정할 줄 알아야 한다.

당신은 탕자와 같은 겸손함으로 하나님께 이렇게 아뢰어야 한다. "아버지여, 제가 하늘과 아버지 앞에 죄를 얻었사옵니다. 저는 하나님의 정의가 저에게 요구하는 것이 무엇인지를 압니다. 그러나 저는 그것에 복종할 용기가 없습니다. 만약 하나님께서 저를 믿어주시고 용서해 주신다면 다시 힘을 내 저 자신을 용서하고 자존감을 가지고 제 과거의 모습을 극복하려고 노력하겠습니다. 하지만 하나님의 자비로운 손길만이 제가 용기가 없어 하지 못했던 일들을 실행할 수 있도록 도와주실 수 있습니다. 그 자비의 손은 친절함으로 저를 채찍질합니다. 아버지여, 저로 인해 인내함으로 그 치유의 매를 잘 감당하게 하소서.”

정말로 자신에 대해 환멸을 느낀 죄인이라면 최소한 자신에게 오는 고통을 기꺼이 감수하겠다는 자세를 갖게 된다. 즉 과거에 자신의 힘으로는 절대로 선택하지 않았을 그런 고통을 참아내겠다는 마음이 생기는 것이다.

한 가지만이라도 족하다

“주께서 대답하여 이르시되 마르다야 마르다야 네가 많은 일로 염려하고 근심하나 몇 가지만 하든지 혹은 한 가지만이라도 족하니라”(눅 10:41-42). 우리는 이 세상에 수많은 근심거리가 있다고 생각한다. 하지만 실제로 우리가 걱정해야 할 것은 한 가지밖에 없다. 우리가 그 한 가지를 잘 처리한다면 다른 모든 것은 저절로 이루어진다. 만약 그 한 가지를 잘 돌보지 못한다면 다른 모든 것은 우리가 아무리 성공적으로 수행한다 할지라도 엉망이 되어버리고 만다. 이런 사실을 안다면 세상의 근심거리와 마음의 짐으로 인해 우리가 갈팡질팡할 필요는 없다.

오늘부터 나는 오직 한 가지 일에만 전력을 기울일 것이다. 하나님의 거룩한 계시의 빛을 받은 나는 다른 모든 염려를 버리고 매 순간 몸과 마음으로 하나님이 그분의 경륜 속에서 나에게 허락하신 일에 최선을 다할 작정이다. 그 밖의 모든 일에 대해서는 하나님께 전적으로 맡길 것이다. 내가 하는 일은 나의 일이 아니라 하나님의 일이기 때문이다. 나는 하나님이 나에게 주신 일만을 사모할 것이다.

이제 어떤 일에도 지나치게 흥분하지 않을 것이다. 만약 그렇게 되면 하나님의 일을 나의 잣대로 재단하고자 하는 유혹을 갖게 된다. 이것은 정말 위험한 행동이다. 결국 이것은 하나님의 일을 우리 힘으로 하도록 하여 선한 것을 악한 것으로 만들 뿐이다. 그리고 우리 안에 교만을 싹트게 하여 우리로 하여금 성공에 대해 집착하고 의기양양하게 만든다. 또한 하나님의 영광을 추구한다는 구실로 우리 자신의 환상을 은폐하게 한다.

오, 하나님! 제가 신실한 행동을 할 수 있도록 은혜를 베풀어주시고, 성공에는 무관심한 자가 되도록 도우소서. 제 유일한 관심은 바로 하나님의 뜻을 열망하는 것과 바쁜 와중에도 하나님을 조용히 묵상하는 일입니다. 저의 빈약한 행위가 하나님 앞에서 기쁜 열매를 맺느냐는 오직 하나님의 도움에 달려 있습니다. 열매를 맺지 못할지라도 그것이 저를 향한 하나님의 최선의 뜻이라면 저는 할 말이 없습니다.

신성한 불

"내가 불을 땅에 던지러 왔노니 이 불이 이미 붙었으면 내가 무엇을 원하리요"(눅 12:49). 예수님이 이 땅에 오셔서 우리에게 던지려고 했던 불은 하나님의 사랑의 불이었다. 예수님은 당신의 마음속에서 이 불을 붙여 우리에게 주셨다. 지금 예수님은 우리도 우리 자신의 마음속에 그 불을 붙이기를 원하신다. 하지만 사람들은 시체처럼 싸늘하게 살아간다. 우리는 돈을 사랑하고 땅과 집을 사랑한다. 또한 명성, 이름, 직위, 그리고 신임장들을 추구한다. 그리고 결국 우리를 공허하게 만드는 대화나 쾌락 같은 죽은 것을 사모하며 살아간다. 그래서 하나님을 위한 공간을 만들거나 그분을 사랑하려고 하지 않는다. 대신에 그분의 창조물 중에 가장 하찮은 것들을 좇아가며 스스로를 탈진시킨다.

예수님이 이 땅에 내려오신 목적은 오직 우리 마음속에 하나님의 불을 붙여서 우리로 하여금 하나님의 사랑의 축복과 행복을 느끼도록 하기 위함이었다. 하지만 우리는 가장 천하고 가장 해로운 것들을 사랑함으로써 스스로 불행을 자초한다.

오, 하나님! 정욕 가운데 있는 우리를 다스려주소서! 이 세상에서 하나님 외에 우리가 누구를 사랑할 수 있겠습니까? 하나님의 사랑의 불로 다른 불들을 소멸시켜주소서! 우리에게 하나님을 사랑할 수 있는 은혜를 주신다면 우리는 하나님만을 사랑할 것입니다. 실로 영원토록 하나님을 계속 사랑할 것입니다.

나를 성별하소서

"내 육체와 마음은 쇠약하나 하나님은 내 마음의 반석이시요 영원한 분깃이시라"(시 73:26). 사랑의 하나님, 우리가 진정으로 하나님을 알고 하나님을 사랑할 수 있습니까? 하나님의 아름다움, 힘, 웅장함, 권능, 선하심, 인자함, 장엄함, 그리고 모든 완벽함 등은 피조물이 이해할 수 있는 한계를 훨씬 초월합니다. 그럼에도 제 마음속 깊은 곳에서 저를 울리는 것은 하나님이 저를 사랑하신다는 사실입니다. 하나님에게 마땅히 드려야 할 저의 경외심과 하나님과 저 사이에 존재하는 그 엄청난 간격을 생각한다면 제가 감히 하나님을 사랑한다는 것은 어불성설인 것처럼 보입니다. 하지만 주님은 저에게 하나님을 사랑하라고 허락하셨습니다. 허락했다기보다는 그렇게 하라고 명령하셨습니다. 그 결과 주님, 저는 더 이상 저 자신을 알거나 스스로 주인이 되려는 태도를 포기합니다.

오, 거룩한 사랑이시여! 주님은 제 마음에 상처를 주셨습니다. 그러면서 동시에 주님은 자원해서 저를 위해 상처를 받으셨습니다. 주님, 지금 오셔서 저를 치료하소서! 아니, 정확히 말해 주님이 제게 주신 상처를 더욱 깊고 날카롭게 만들어주소서. 그래서 이 세상의 모든 것으로부터 저를 성별하게 하소서. 더 이상 저는 세상의 것으로 만족할 수 없습니다. 그것들은 저를 방해하고 혼란스럽게 할 뿐입니다. 저는 주님만으로도 족합니다. 하나님 외에는 어떤 것도 바라지 않습니다.

저를 계속 불태우소서

"너는 나를 도장같이 마음에 품고 도장같이 팔에 두라. 사랑은 죽음같이 강하고 질투는 스올같이 잔인하며 불길같이 일어나니 그 기세가 여호와의 불과 같으니라"(아 8:6). 얼마나 놀라운 신비입니까! 세상의 연인들은 일단 서로에게 어리석을 정도의 열정이 생기면 그것을 뜨거운 사랑의 극단으로 몰고 갑니다. 그처럼 하나님을 사랑한다고 고백하는 우리는 그와 같은 일들을 매주 신실한 마음으로 반복합니다. 사랑의 하나님, 그렇다고 오해하지는 마십시오. 세상의 사랑이 하나님의 사랑보다 더 강할 수는 없는 노릇입니

다. 하나님께 완전히 헌신된 심령에게 하나님이 어떤 일을 베푸시는 지 보여주십시오.

제 마음은 하나님께 열려 있습니다. 하나님은 제 마음 가장 깊숙한 곳을 잘 알고 계십니다. 그리고 그 속에서 하나님의 은혜로 무엇을 창출하실 수 있는지도 잘 아십니다. 하나님은 제가 순종해서 저의 자유의지를 주님께 맡기기를 기다리십니다. 저는 이런 일을 매우 열심히 수천 번씩 해왔습니다. 제 속의 모든 것을 취하소서. 그리고 하나님 되심을 보여주소서. 저를 불태워 소멸시켜 주소서. 약하고 힘없는 피조물이기에 제가 주님께 드릴 수 있는 것은 고작 저의 사랑이 전부입니다. 주님, 그 작은 사랑을 축복하셔서 주님이 받을 만한 합당한 사랑으로 만들어주소서.

오, 내가 주님을 위해 위대한 일을 할 수만 있다면 얼마나 좋겠습니까! 진정으로 주님을 위해 희생할 수 있다면! 하지만 제가 할 수 있는 것은 매우 작은 것밖에 없습니다. 이 순간 이후부터 저는 주님 뒤에서 한숨 쉬며 주님을 갈망하고, 주님을 더욱 사랑하기 위해 저 자신을 죽이기를 원합니다.

빛이 빛나도록 하라

"그러므로 네 속에 있는 빛이 어둡지 아니한가 보라"

(눅 11:35). 우리의 결함으로 하나님 앞에서 우리가 흠 있는 자로 나타나는 것은 전혀 놀라운 일이 아니다. 오히려 우리의 미덕도 종종 불완전하다는 사실을 깨닫고 우리는 두려운 마음을 가져야 한다.

우리의 위대한 영적 지혜의 행동도 육신적인 세속적 행위가 되는 경우를 종종 보게 된다. 우리의 겸손은 사회적 인습을 이용하여 타인의 칭찬을 유도하기 위한 목적으로 종종 위조되어 위선적인 형태를 취할 수 있다. 우리의 열정도 속에 있는 무서운 우울과 또는 교만을 은폐하는 가면이 될 수 있다. 또한 타인을 향한 정직함과 솔직함은 참을성 없는 우리 속마음의 무례함을 숨기는 도구가 될 수 있다.

우리는 하나님께 거룩한 서약을 하며 예배할 때 그분의 눈부신 빛이 순결했던 마리아를 통해 비추었듯 우리 안에서도 나타나기를 바란다. 하지만 때때로 그런 예배 자체도 너무 비겁한 자세로 하기 때문에 하나님의 빛은 발하지 못하고 어둠으로 변하게 된다. 그러므로 우리 안의 빛이 어둠이 되지 않도록 주의하라.

눈먼 세상의 운명

"실족하게 하는 일들이 있음으로 말미암아 세상에 화가 있도다"(마 18:7). 주님, 저에게 하나님 아들이며 저의 구세주이신 예수 그리스도의 이 무서운 말씀을 항상 되새길 수 있도록 용기를 주소서! 이 말씀은 영원히 저주받은 이 세상에게는 무서운 말씀이지만 하나님을 사랑하고 세상을 등진 사람에게는 감미로운 위안입니다. 만약 제가 하나님께 등 돌리고 다시 이 세상의 노예가 된다면 이 말씀은 실로 천둥소리처럼 저에게 큰 공포의 소리로 들릴 것입니다.

아, 눈먼 세상이여! 너는 굉장한 불의의 폭군이다! 너는 겉으로는 아첨하지만 언젠가는 배반할 수 있고, 사람을 웃기며 즐겁게 하지만 나중에는 뒤에서 죽음의 일격을 가할 것이다. 너는 웃으면서 사람들에게 웃으라고 유혹한다. 그리고 우는 사람을 경멸한다. 결국 네가 노리는 것은 독이 있는 헛된 기쁨으로 사람의 감각을 홀려 그들을 독살시키는 일이다.

하지만 너 헛된 세상이여, 나중에 하나님의 자녀들이 위안받을 때 너는 영원히 울게 될 것이다. 오, 나는 진정으로 너의 경멸을 증오한다. 그리고 너의 안락과 자기만족에 몸서리가 난다.

사랑을 위한 노력

"너희가 진리를 순종함으로 너희 영혼을 깨끗하게 하여 거짓이 없이 형제를 사랑하기에 이르렀으니 마음으로 뜨겁게 서로 사랑하라"(벧전 1:22). 본문의 말씀을 통해 사도 베드로는 이웃에

게 상처를 주지 않도록 세심한 노력을 기울이며 사랑을 표현할 것을 우리에게 당부한다. 주의 깊은 노력이 없다면 사랑은 매우 깨지기 쉬워서 쉽게 사라지고 만다. 통명스럽게 또는 짜증스럽게, 그리고 거만하고 경멸적인 표정으로 던진 말 한마디가 연약한 사람에게는 큰 상처가 될 수 있다.

우리는 다른 사람이 하나님에게 매우 귀중한 존재이며 예수 그리스도의 소중한 지체라는 사실을 알고 그들에게 더 세심한 주의를 기울일 필요가 있다. 만약 당신이 그런 주의를 소홀히 한다면 그것은 사랑이 부족하다는 증거이다. 사랑의 대상을 세심한 주의로 돌보지 않는다면 당신은 결코 사랑한다고 말할 수 없다. 우리는 우리의 전 존재, 즉 마음과 생각을 사랑을 위한 노력으로 채워야 한다.

예수님이 베드로에게 "네가 나를 사랑한다면 내 양을 먹이라"고 하신 말씀은 또한 우리에게도 해당하는 말씀이다.

육체와 말씀

"나를 먹는 그 사람도 나로 말미암아 살리라"(요 6:57). 우리가 예수 그리스도의 몸을 먹는 순간 그분의 영이 우리에게 생명을 불어넣어준다. 실제로 그분이 말씀하신 것처럼 육체 그 자체는 아무런 효력을 발휘하지 않는다. 사도 요한이 지적한 대로 "말씀이 육신이 되었다"는 말씀처럼 단지 몸이 말씀에 연합한 것뿐이다.

하나님은 자신의 영을 우리에게 전달할 목적으로 말씀과 육체를 연합시켜 우리로 하여금 그의 영을 느끼고 만질 수 있도록 하셨다. 실로 이런 방법으로 주님은 낮은 곳으로 내려와 육신 가운데 거하며 우리와 하나가 되신다. 주님은 우리에게 자신의 육신을 주시며 먹으라고 하신다. 우리가 그분과 하나가 되고 우리 영혼이 그분의 신적 삶으로 인해 생기를 얻도록 하기 위함이다.

이제 그분으로부터 생명을 얻은 우리가 왜 그분을 위해 살기를 거부하는가? 그렇게 거부한다면 전적으로 신적인 몸인 하늘에서 내려온 떡은 어떻게 되는가? 우리가 성례를 통해 주님의 몸을 받을 때 그 목적은 무엇인가? 예수 그리스도께서 우리 안에서 살고 있다고 말할 수 있는가? 그분의 생각과 행동이 우리의 인간적 육신을 통해 발현되고 있는가? 우리는 예수 그리스도 안에서 그분으로부터 영향을 공급받고 자라는가?

예수 그리스도와 함께 한 몸으로 연합된 우리가 항상 쾌락만을 추구하고 지극히 작은 고난에도 불평하며 비참한 곳에서 위안을 얻을까만 항상 궁리한다면, 그리고 우리의 결점을 교정하기보다는 항상 은폐하려 한다면 이 얼마나 창피한 일인가!

우리의 사랑은 어디에 있는가?

"주님 모든 것을 아시오매 내가 주님을 사랑하는 줄을 주님께서 아시나이다"(요 21:17). 우리도 베드로처럼 감히 주님께 이처럼 말할 수 있는 용기가 있는가? 그분을 의식적으로 생각하지 않을 때에도 우리는 하나님을 사랑하는가? 당신에게 주님 외에도 대화를 나누고 싶은 다른 친구들이 있지는 않은가? 혹시 교회에서 예배드릴 때 오히려 지루함을 느끼고 불안해하지는 않는가?

주님을 기쁘시게 하고 주님이 원하시는 뜻을 실행하기 위해 우리가 노력하는 것은 무엇인가? 그분의 영광을 위해 우리는 지금 무엇을 하는가? 우리는 그분의 뜻을 이루기 위해 그분께 무엇을 희생했는가? 우리의 사소한 쾌락과 비천한 이익보다 항상 그분의 뜻을 먼저 생각했는가? 주님을 향한 우리의 사랑은 과연 어디에 있는가?

사도 바울은 다음과 같이 경고했다. "만일 누구든지 주를 사랑하지 아니하면 저주를 받을지어다"(고전 16:22). 우리를 죽기까지 사랑하신 주 예수를 사랑하지 않는 사람은 화가 있을 것이다. 주님은 자신을 사랑하지 않는 사람에게는 결코 자신의 영원한 왕국을 주지 않으신다. 진정으로 그분을 사랑하는 사람이라면 그분의 축복과 영감, 그리고 은혜에 진정으로 반응하지 않을까?

"내가 확신하노니 사망이나 생명이나 천사들이나 권세자들이나 현재 일이나 장래 일이나 능력이나 높음이나 깊음이나 다른 어떤 피조물이라도 우리를 우리 주 그리스도 예수 안에 있는 하나님의 사랑에서 끊을 수 없으리라"(롬 8:38-39).

나 자신에게서
나를 구하여 주옵소서

"아버지여 나를 구원하여 이때를 면하게 하여주옵소서"(요 12:27). 사랑의 하나님, 저를 위험 속에 넣으시고 고통을 주신다 할지라도 여전히 하나님은 제 아버지시며 앞으로도 항상 제 아버지가 되실 것입니다. 지금 당하는 이 무서운 시간, 즉 원통함과 낙담의 때에서 저를 구원해 주옵소서!

주님의 가슴 위에서 숨 쉬며 주님의 팔 안에서 죽게 하소서. 저의 고통을 하감하시든지 아니면 제게 인내의 힘을 주셔서 저를 건지소서. 저의 연약함을 속살까지 도려내시고, 모든 껍데기를 불태워주소서. 그러면서 자비를 베푸셔서 저의 약점을 불쌍히 여기소서.

이 고난에서 저를 건져내는 일이 주님의 뜻이 아니라면 저 자신, 즉 저의 약점, 예민함, 그리고 인내하지 못하는 모습에서 저를 구원해주소서.

내주하는 하나님의 나라

"진실로 진실로 네게 이르노니 사람이 물과 성령으로 나지 아니하면 하나님의 나라에 들어갈 수 없느니라"(요 3:5). 우리 안에 있는 하나님 나라를 보기 위해서는 거듭나야 하며 새 성품을 입을 필요가 있다. 실로 천국을 보는 눈을 가진 사람은 복이 있다. 혈과 육으로는 천국을 볼 수 없기 때문이다. 또한 우리의 동물적 본능은 눈이 멀어 자신의 상태에만 안주하기 때문이다.

우리의 육신적 본성은 하나님이 우리 안에서 무엇을 이루실 수 있다는 사실을 단지 꿈으로 치부할 때가 많다. 따라서 내적이고 영적인 세계의 경이로움을 보기 위해서는 중생이 필요하다. 이 중생을 위한 전제조건은 우리의 죽음이다. 비록 세상이 업신여기고 조소하고 비웃을지라도 중생한 우리에게는 믿음과 용납, 그리고 풍성한 삶이 펼쳐질 것이다.

잠시 시간을 내 우리 자신을 성찰하고 하나님께 자신을 내놓자. 그러면 당신은 인류가 지금까지 축적한 모든 지적 추론을 모두 합친 것 이상의 더 큰 것을 보고 듣게 될 것이다. 욕망과 생각을 조절하여 세상의 외형에서 시선을 멀리하는 사람은 빛에 참여한다. 바로 그때 우리는 우리 안에서 보좌에 앉아 통치하시는 하나님을 발견하게 될 것이다.

우리의 믿음은 어디에 있는가?

"인자가 올 때에 세상에서 믿음을 보겠느냐"(눅 18:8). 인자 되신 예수님이 지금 당장 오신다면 우리에게서 믿음을 볼 수 있을까? 우리 믿음은 어디에 있는가? 그 증거를 어떻게 보여줄 수 있는가? 정말로 우리는 이 세상의 삶이 더 나은 세상을 위한 나그네 삶임을 믿는가? 과연 우리는 예수 그리스도와 영원한 삶을 살기 전에 먼저 그분과 이 땅에서 고난받아야 한다고 생각하는가? 그리고 이 세상은 지나가는 신기루이며 죽음은 진정한 보화의 세계로 인도하는 관문이라고 믿는가?

우리는 믿음을 붙잡으며 살고 있는가? 우리에게 믿음은 삶의 자극제인가? 과연 믿음이 주는 영원한 진리를 소중히 여기는가? 우리 영혼은 믿음으로부터 오는 자양분을 받고 있는가? 적당한 음식으로 육체에게 영양을 공급하듯 우리 영혼을 살찌우기 위해 우리는 그처럼 영혼을 돌보는가? 우리는 습관적으로 모든 것을 믿음의 눈으로 바라보는가? 우리는 모든 생각과 판단을 믿음의 잣대로 교정하는가?

정말 안타깝다! 우리는 믿음으로 살기보다는 종종 마음과 생각 속에서 오히려 믿음을 죽이는 일이 많다. 그래서 우리의 생각과 행동은 불신자들과 별로 차이가 없다. 진정으로 믿는 바대로 행하기를 원하는 사람이라면 과연 현재의 우리처럼 행동할 수 있을까?

하나님의 뜻을 사랑하기

"뜻이 하늘에서 이루어진 것같이 땅에서도 이루어지이다"(마 6:10). 이 땅 위의 일들은 하늘에서와 마찬가지로 모두 하나님의 뜻 안에서 일어난다. 하지만 사람들이 이 하나님의 뜻을 변함없이 사랑하는 것은 아니다. 우리가 이 땅에서 하나님의 뜻만을 사랑한다면 이 땅은 하늘나라로 바뀔 것이다. 그래서 우리는 하나님이 우리에게 허락하신 모든 것, 즉 좋은 일과 나쁜 일에 대해서 똑같이 감사할 것이다. 하나님의 뜻으로 우리에게 주어진 고통은 나중에 귀중한 보화가 되기 때문이다.

우리는 과거로 인해 괴로워해서는 안 된다. 왜냐하면 모든 재앙은 하나님의 허락 없이는 일어나지 않기 때문이다(암 3:6). 마찬가지로 우리의 미래에 대해서도 두려워할 필요가 없다. 왜냐하면 하나님이 허락하시지 않는다면 결코 어떤 일도 일어날 수 없기 때문이다.

오, 하나님! 이 세상의 모든 일은 하나님의 뜻을 성취하기 위해 일어납니다. 하나님의 뜻이 또한 제 안에서도 이루어지게 하소서. 제가 그 뜻을 사랑하게 하소서. 모든 것을 선으로 여기게 하소서. 제 자신의 뜻은 아무것도 아닌 것으로 내려놓게 하소서. 오, 하나님! 만물로 인해 찬양받으소서. 주님, 주님의 뜻을 이루소서. 저의 뜻을 전적으로 주님께 맡기오니 주님의 뜻을 이루소서.

준비하라

"그러므로 너희도 준비하고 있으라. 생각하지 않은 때에 인자가 오리라 하시니라"(눅 12:40). 예수님은 모든 사람을 향해 예외 없이 이 말씀을 주셨다. 비록 우리가 죽음을 준비한다 할지라도 예수님의 이 말씀은 하나님의 선하신 뜻에 따라 모든 사람에게 예고 없이 이루어질 것이다. 사람들은 이 땅에서 장수할 것이라 생각하며 계획을 세운다. 하지만 우리의 생애는 결국 종국을 맞이한다. 종종 임종의 때가 아니라고 생각할 바로 그 순간이 종말의 시간이 될 때가 있다. 우리의 삶에서 죽음은 바로 지금 이 순간에도 찾아올 수 있다. 불치병으로 임종이 가까운 사람도 끝까지 치료라는 희망의 끈을 놓지 않는다. 하물며 매우 건강한 사람은 얼마나 많은 희망을 갖고 있겠는가?

삶에서 이런 불굴의 소망은 어디에서 나오는 것인가? 한마디로 삶에 대한 집착 때문이다. 그러면 죽음을 멀리하려는 강렬한 욕구는 어디서 나오는가? 그것은 우리가 천국을 사랑하지 않거나 앞으로 있을 화려하고 장엄한 천국생활을 사모하지 않기 때문이다.

고독한 이 세상을 초월하지 못하는 마음이 더딘 사람들이여, 마지막 순간에 우리 자신을 준비하기 위한 참된 길은 다른 순간에는 별로 신경을 쓰지 않고 오직 생의 마지막 순간을 기대하며 사는 것이다!

소망 안에 견고함

"기록된 바 하나님이 자기를 사랑하는 자들을 위하여 예비하신 모든 것은 눈으로 보지 못하고 귀로 듣지 못하고 사람의 마음으로 생각하지도 못하였다 함과 같으니라"(고전 2:9). 이 땅에서 지금 하는 우리의 행동과 천국에서 우리가 바라는 소망 사이에는 어떤 상관관계가 있는가? 초대 교회 크리스천들은 자신의 소망을

믿음의 눈으로 목격하면서 항상 즐거워했다. 매 순간 그들은 자기 앞에서 하늘 문이 열리는 광경을 믿음의 눈으로 바라보았다. 고난, 비방, 고문, 그리고 잔인한 죽음 등 그 어떤 것도 그들을 낙담시킬 수 없었다. 하나님이 무한한 자비로 자신의 고통에 크게 보상해주실 것임을 그들은 잘 알고 있었다. 그래서 하나님을 위해 더욱 고난을 받으려고 자청했다. 자신이 수치를 당하기에 마땅한 존재라고 생각했던 그들은 고난 앞에서 오히려 기쁨의 환희를 경험했다.

그러면 우리는 어떠한가? 무기력한 우리는 고통에 대해서 문외한이다. 소망을 어떻게 가져야 할지 모르기 때문이다. 우리는 아주 가벼운 십자가도 감당하지 못하고 절절맨다. 심지어 우리 자신의 교만, 경솔함, 그리고 연약함으로 기인한 십자가도 감당하지 못해 힘들어한다.

우리의 구원자가
오실 것이다

"주 안에서 항상 기뻐하라. 내가 다시 말하노니 기뻐하라. 너희 관용을 모든 사람에게 알게 하라. 주께서 가까우시니라"(빌 4:4-5). 방종한 감정과 세상의 공허한 허영심을 혐오하는 태도를 우리 기쁨의 샘의 원천으로 삼으라. 우리의 소망은 우리 기쁨의 유일한 기초이다. 이 소망은 우리가 세상에 대해 얼마만큼 만족하느냐 혹은 만족하지 않느냐에 비례한다.

예수님의 재림에 대한 기대를 통해 우리는 정숙과 자기 훈련, 그리고 신실함을 유지해야 한다. 주님은 나중에 오셔서 우리에게 영광의 면류관을 씌워주실 것이다. 그때 우리는 그분을 영접할 준비가 되어 있어야 한다. 확실히 그분의 오심은 우리의 기쁨이 될 것이다. 그분은 이 세상의 심판자이실 뿐만 아니라 우리의 위로자가 되시기 때문이다.

이 세대의 아들들이 주님의 재림을 두려워할 때 우리가 예수 그리스도를 평강 가운데서 대망한다는 것은 정말 감미로운 일이다! 그들은 두려움에 몸을 떨게 될 것이지만 우리는 사랑스러운 구원자의 오심을 목격하게 될 것이다. 이 얼마나 벅차고 행복한 일인가!

당신은 이런 상태를 누리고 있는가? 그렇지 못하다면 그 상태에 있기를 사모하라! 우리가 이런 신뢰와 위안의 상태를 누리지 못하는 이유는 쾌락을 추구하고 마음이 확고하지 못하기 때문이다.

먼저 하나님의
나라를 구하라

"너희는 먼저 그의 나라와 그의 의를 구하라. 그리하

면 이 모든 것을 너희에게 더하시리라"(마 6:33). 우리는 하나님께 구하는 일을 창피하게 여기고 있지는 않는가? 우리는 모든 좋은 것의 원천을 소유하고 있다. 하지만 여전히 우리는 가난하다고 생각한다. 심지어 종교적 헌신을 한 사람들 중에도 세상의 안락과 위로를 찾으려고 애쓰는 자들이 있다. 그들은 종교적 헌신을 자신들의 고난을 가볍게 해주는 탈출구로 생각한다. 그래서 그것을 자기 부인과 희생의 관점에서 바라보지 않는다. 결국 사람은 이런 실수 때문에 낙담하게 된다.

하나님의 손에 자신을 맡기라. 그분을 섬길 때 그분이 우리를 위해 무엇을 할까 염려하거나 초조해하지 말라. 인생은 매우 짧다. 따라서 우리가 여기서 더 많이 또는 조금 덜 고난을 받는다 할지라도 우리가 영원한 천국에 우리의 시선을 고정시킨다면 그것은 그렇게 중요하지 않다.

세상을 사랑하지 말라 Ⅰ

"이 세상이나 세상에 있는 것들을 사랑하지 말라"(요일 2:15). 예수님의 이 말씀은 세상 모든 사람에게 적용되는 말씀이다! 여기서 '이 세상'은 일차적으로 예수 그리스도께서 복음 안에서 경멸했던 타락하고 눈먼 무리를 가리킨다. 십자가의 죽음을 앞두고 기도하실 때 예수님은 이런 자들을 위해서는 기도하지 않으셨다. 우리 모두는 이 세상에 대해 겉으로는 나쁘게 말하지만 이 세상을 마음속에서 생각하고 있다.

'이 세상'은 하나님은 배제한 채 자기와 세상 물질을 사랑하는 자들이다. 자신만을 사랑하고 하나님 안에서 누릴 수 있는 것을 피조물 속에서 찾으려는 사람이 세상에 속한 사람들이다. 이 점을 고려할 때 우리도 세상에 속한 자라고 말하지 않을 수 없다!

솔직히 우리는 우리가 세상에 속해 있고 예수 그리스도의 영을 갖지 못했다는 것을 고백할 필요가 있다. 겉으로 세상을 비난하면서 동시에 세상의 생각과 감정을 간직하는 행위는 정말 가련한 행동이다.

세상을 사랑하지 말라 II

"그러나 내게는 우리 주 예수 그리스도의 십자가 외에 결코 자랑할 것이 없으니 그리스도로 말미암아 세상이 나를 대하여 십자가에 못 박히고 내가 또한 세상을 대하여 그러하니라"(갈 6:14). 우리가 세상을 사랑한다는 증거는 언제 나타나는가? 첫째, 우리가 권위를 질투할 때이다. 둘째, 받을 자격이 없는 명성을 사모할 때이다. 셋째, 다른 사람들과 어울려서 쓸데없는 시간을 보낼 때이다. 넷째, 육신을 도모하는 안락을 추구할 때이다. 다섯째, 크리스천의 덕목을 실행하는 데 있어서 연약하고 무기력할 때이다. 마지막으로 복음의 진리를 연구하는 일에 무관심할 때이다.

이렇게 되면 우리 안에 세상이 살게 된다. 하지만 더 정확하게 말하면 우리가 그 세상 안에서 살고자 하는 것이다. 그 이유는 타인으로부터 사랑받기를 강렬하게 바라고 타인이 우리를 잊어버릴까 두려워하기 때문이다. "세상이 나를 대하여 십자가에 못 박히고 내가 또한 세상을 대하여 그러하니라"고 말할 수 있었던 사도 바울은 정말 복받은 사람이었다.

이 세상이 진정으로 경멸의 대상임을 안다는 것은 정말로 축복된 깨달음이다! 이 세상의 덧없는 환상을 희생하는 일은 하나님께 한 작은 제사를 드리는 것과 같다. 실로 마땅히 세상을 경멸하지 않은 사람은 정말 연약한 자이다! 세상을 등짐으로써 자신이 많은 것을 희생했다고 생각하는 사람을 보면 정말 불쌍하다는 생각이 든다. 세상을 떠나 은둔생활을 하는 성직자, 수도사, 또는 평신도들은 일반 크리스천보다 자기 헌신의 약속을 좀 더 신중하게 따른다는 점 외에는 우리와 큰 차이가 없다. 실로 모든 크리스천은 세례를 통해 세상을 포기한 사람들이다. 우리는 다 같이 성난 폭풍을 피해 안전한 항구를 찾는 사람들인 것이다.

나에게 하나님을 주소서

"주신 이도 여호와시요 거두신 이도 여호와시오니"(욥 1:21). 주여, 이 말씀은 하나님의 종인 욥이 계속되는 고통 앞에서 그의 입을 통해 주신 하나님의 말씀이었습니다. 이 말씀을 다시 한번 저와 같은 죄인의 마음과 입술로 고백하게 하시니 하나님의 선하심을 찬양드립니다!

하나님은 한때 저에게 건강을 주셨지만 저는 그런 하나님을 잊어버렸습니다. 그래서 이제 하나님이 그것을 거두어 가신 지금 저는 하나님을 찾습니다.

오, 자비로우신 주여! 주님은 주님의 선물로 인해 제가 하나님으로부터 멀어지자 대신 저에게 하나님 자신을 주기 위해 그 선물을 다시 취하여 거두어 가십니다!

주여, 주님이 저에게 주님 자신을 주신다면 내 안에서 주님이 아닌 모든 것을 도로 가져가십시오. 그 모든 것은 원래 주님의 것이었습니다. 하나님은 모든 것의 주인이십니다. 세상적인 이익, 명예, 건강, 생명 등 모든 것을 취하여 가소서. 주여, 내 안에 하나님의 자리를 대신했던 모든 것을 뿌리째 뽑아주시기를 원하나이다.

내 기력이 쇠하나이다

"내 기력이 쇠하여"(시 38:10). 주님, 저의 기력이 쇠하고 있습니다. 그래서 저에게는 이제 연약함, 인내하지 못함, 가련한 연민, 그리고 불평과 절망의 유혹만이 남아 있습니다. 한때 자부했고, 제 속에서 그토록 자신했던 용맹은 어디로 간 것입니까? 슬프지만 저는 지금 당하는 고통 외에도 연약함과 조급함의 수치를 덤으로 감당해야 합니다.

주님, 주님은 사방에서 저의 교만을 공격하십니다. 그리고 그 근원을 남김없이 발본하려고 하십니다. 하지만 저 또한 그 모든 것을 기쁘게 참고 있습니다. 이 무서운 교훈을 통해 주님은 제가 아무것도 아니며, 아무것도 할 수 없는 존재이며, 또한 주님만이 모든 것이 되신다는 사실을 가르쳐주시기 때문입니다.

나의 날의 제사

"그러므로 사나 죽으나 우리가 주의 것이로다"(롬 14:8). 사랑의 하나님, 제가 살든 죽든 그것이 저에게 무슨 의미가 있습니까? 사실 생명은 아무것도 아닙니다. 우리가 이 생명을 사랑하기 시작한다면 그것은 위험한 일입니다. 죽음이 할 수 있는 것은 진흙으로 만든 육체의 몸을 죽이는 일밖에 없습니다. 하지만 영혼은 죽음을 통해 육체의 질병과 교만으로부터 해방될 수 있습니다. 죽음은 영혼을 사탄의 함정에서 건져내 진리의 왕국에서 영원히 살아갈 수 있도록 하는 통로입니다.

그러므로 사랑의 하나님, 저는 하나님께 건강이나 생명을 구하지 않습니다. 저는 저의 날들을 하나님께 모두 제사로 바칩니다. 하나님은 이미 제 날들을 계수하셨습니다. 그러므로 저는 그것을 연장해달라고 기도하지 않습니다. 제가 지금 구하는 기도는 지금까지처럼 사느니 차라리 죽게 해달라는 것입니다. 하나님이 원하신다면 저는 인내와 사랑으로 기꺼이 죽을 각오가 되어 있습니다.

오, 하나님! 하나님의 손에는 무덤의 열쇠가 쥐어져 있습니다. 그 열쇠를 가지고 하나님은 무덤을 여닫을 수 있습니다. 그 무덤의 세력에서 제가 벗어날 수 없다면 차라리 제 생명을 거두어 주십시오. 살든지 죽든지 이제부터 온전히 하나님의 것이 되기를 원합니다.